U0832414

黄翼论幼儿教育

黄　翼◎著　江中柱◎整理

海峡出版发行集团
福建人民出版社

图书在版编目（CIP）数据

黄翼论幼儿教育/黄翼著；江中柱整理. --福州：福建人民出版社，2020.12

ISBN 978-7-211-08543-9

Ⅰ.①黄… Ⅱ.①黄… ②江… Ⅲ.①幼儿教育—教育研究 Ⅳ.①G61

中国版本图书馆 CIP 数据核字（2020）第 219924 号

黄翼论幼儿教育

HUANGYI LUN YOU'ER JIAOYU

作　　者：黄　翼

整 理 者：江中柱

责任编辑：吴梅香

出版发行：福建人民出版社　　**电　　话**：0591-87533169(发行部)

网　　址：http://www.fjpph.com　　**电子邮箱**：fjpph7211@126.com

地　　址：福州市东水路 76 号　　**邮政编码**：350001

经　　销：福建新华发行（集团）有限责任公司

印　　刷：福州万达印刷有限公司

地　　址：福州市闽侯县荆溪镇徐家村 166—1 号

开　　本：700 毫米×1000 毫米　1/16

印　　张：13.5

字　　数：208 千字

版　　次：2020 年 12 月第 1 版

印　　次：2020 年 12 月第 1 次印刷

书　　号：ISBN 978-7-211-08543-9

定　　价：30.00 元

整理说明

黄翼（1903～1944），字羽仪，福建厦门人，是我国现代心理学家。他在心理学尤其是儿童心理学领域取得了令人瞩目的成就。

黄翼的著作较多，本书选取的是《神仙故事与儿童心理》《儿童绘画之心理》《儿童心理学》，主要论述幼儿心理和幼儿教育，语言通俗易懂，既适合学术界作为研究资料，也适合广大幼儿教师和普通读者阅读。

本次整理，《神仙故事与儿童心理》是按商务印书馆1936年版整理的，《儿童绘画之心理》是按商务印书馆1938年版整理的，《儿童心理学》是按正中书局1942年版整理的。

在整理的过程中，整理者为了尊重原著、尽量保持原著内容的完整性，对其中一些内容不做改动：一、黄翼的这三本书都是20世纪三四十年代的作品，其中一些理论已经被推翻，但为了尊重原书，本次整理未改动。如《儿童心理学》第四章中说："每种生物身体细胞中的染色体，是有一定数目的，而且配合成对。人类是四十八枚，即二十四对。"这在当时是正确的，直到1955年，生物学界才推翻这一说法。二、书中一些名词，如"粎""糿""咪"等，已经不再使用。本次整理不改动这些名词。三、三本书的文献注释方式不同，整理者未统一，仍按原著的方式。

为了阅读的方便，整理者除了改正一些明显的错别字之外，还做了以下处理：一、统一了译名，或使用今译。三本书中同一人而译名不同，整理者做了统一，如"披亚瑞""披亚热"统一为今译"皮亚杰"。"佛洛伊特"改为今译"弗洛伊德"，"玻璃鞋"改为今译"灰姑娘"，"义外"改为今译"他律"，"维耶纳"改为今译"维也纳"，"新歧尼"改为今译"新几内亚"，"挨斯基摩"改为今译"爱斯基摩"，等等。二、个别内容上下不能对应，如《儿童绘画之心理》中叙述作者仿照客申斯泰纳的方法去做实验，其中说"表（一）年龄的分析最高三级的儿童没有用，只算一百八十九人"，其实"表（一）"中的数字为"191"，整理者按表中数字改动。三、在保持原文意思的基础上，删去或改正了一些标点符号，如"……等等"，删去省略号。

黄翼的学术成就，应由学术史、教育史的专家论述，整理者不敢饶舌。

整理者　江中柱

2020年7月30日

目　录

神仙故事与儿童心理

（甲）神仙故事的特点 …………………………………………………… (3)
（乙）神仙故事与儿童的关系及对于儿童的影响 ………………… (6)
结论 ………………………………………………………………………… (19)
附录 ………………………………………………………………………… (21)

儿童绘画之心理

自序 ………………………………………………………………………… (25)
概论 ………………………………………………………………………… (26)
研究的方法 ……………………………………………………………… (27)
发展的程序 ……………………………………………………………… (27)
（甲）涂鸦期 ……………………………………………………………… (28)
（乙）象征期或过渡期 …………………………………………………… (32)
（丙）定型期 ……………………………………………………………… (34)
（丁）写实期 ……………………………………………………………… (101)
个别差异和图画测验 …………………………………………………… (102)
男女差异 ………………………………………………………………… (104)
各种民族儿童的图画 …………………………………………………… (104)
儿童图画与儿童心理的各方面 ………………………………………… (105)
（甲）图画与理智 ………………………………………………………… (105)
（乙）图画和兴趣 ………………………………………………………… (106)
（丙）绘画和性格 ………………………………………………………… (106)
儿童绘画与原始民族绘画之比较 ……………………………………… (106)

教育上的结论 …………………………………………………………… (108)
参考书目 ……………………………………………………………………… (110)

儿童心理学

编著旨趣 ……………………………………………………………………… (115)
第一章　儿童心理学的性质和价值 ……………………………………… (117)
第一节　儿童心理学的性质 …………………………………………… (117)
第二节　儿童心理学的价值 …………………………………………… (119)
第二章　儿童心理学的历史 …………………………………………… (120)
第三章　研究儿童心理学的方法 ……………………………………… (122)
第一节　直接方法——实地观察 ……………………………………… (122)
第二节　间接方法 ……………………………………………………… (124)
第三节　个案法（case history method） ………………………… (125)
第四章　发展的原则 …………………………………………………… (126)
第一节　发展的条件——遗传和环境 ………………………………… (126)
第二节　发展的方式——生长和学习 ………………………………… (129)
第三节　发展的公律 …………………………………………………… (131)
第四节　发展的速率 …………………………………………………… (132)
第五节　个别的差异 …………………………………………………… (132)
第五章　儿童各时期心理发展的概略 ………………………………… (134)
第一节　胚胎期 ………………………………………………………… (134)
第二节　儿童期 ………………………………………………………… (135)
第三节　青年期 ………………………………………………………… (136)
第六章　儿童的游戏 …………………………………………………… (137)
第一节　儿童游戏的重要和研究法 …………………………………… (137)
第二节　游戏行为进展的步骤 ………………………………………… (138)
第三节　影响儿童游戏的条件 ………………………………………… (141)
第四节　游戏和教育 …………………………………………………… (142)
第七章　动作的发展 …………………………………………………… (143)
第一节　概论 …………………………………………………………… (143)
第二节　胚胎期和初生期动作的发展 ………………………………… (144)

第三节　婴儿期动作的发展 …………………………………………（145）
第四节　幼儿期和以后动作的发展 ……………………………（147）
第八章　知觉的发展 ……………………………………………（148）
第一节　知觉的意义 ……………………………………………（148）
第二节　知觉的发展和教育 …………………………………（149）
第九章　语言的发展 ……………………………………………（152）
第一节　语言的重要性 …………………………………………（152）
第二节　儿童语言发展的历程 ………………………………（153）
第三节　各种差别 ………………………………………………（157）
第四节　语言的教练和毛病 …………………………………（158）
第十章　智慧的发展 ……………………………………………（160）
第一节　智慧的意义 ……………………………………………（160）
第二节　智慧的测量 ……………………………………………（160）
第三节　智慧的差异 ……………………………………………（163）
第四节　智慧的发展 ……………………………………………（165）
第五节　智慧与教育 ……………………………………………（166）
第十一章　社会行为的发展 ……………………………………（168）
第一节　人类行为的社会性 …………………………………（168）
第二节　社会行为发展的层次 ………………………………（169）
第三节　社会行为的个别差异和训练 ……………………（174）
第十二章　情绪的发展 …………………………………………（175）
第一节　情绪的性质 ……………………………………………（175）
第二节　情绪种类的分化 ……………………………………（176）
第三节　情绪和情境关系的变迁 ……………………………（178）
第四节　情绪反应方式的演进 ………………………………（179）
第五节　情感的养成 ……………………………………………（179）
第六节　情绪的训练 ……………………………………………（181）
第十三章　需欲的发展与控制 …………………………………（182）
第一节　总论 ……………………………………………………（182）
第二节　儿童需欲种类的演化 ………………………………（183）
第三节　儿童需欲的特色及其控制 …………………………（185）

第十四章　道德的发展 …………………………………………… (187)
第一节　儿童的道德观念 ………………………………………… (188)
第二节　儿童行为的道德化 ……………………………………… (190)
第十五章　儿童的心理健康 ……………………………………… (192)
第一节　精神病和病态性格 ……………………………………… (192)
第二节　儿童的日常行为问题 …………………………………… (193)
第三节　行为问题的心理 ………………………………………… (195)
第四节　德育训育心理卫生和儿童训导 ………………………… (197)
第十六章　儿童训导问题举隅 …………………………………… (198)
第一节　儿童训导原理 …………………………………………… (198)
第二节　服从 ……………………………………………………… (199)
第三节　愤怒与哭吵 ……………………………………………… (200)
第四节　惧怕 ……………………………………………………… (201)
第五节　口吃 ……………………………………………………… (203)
第六节　用左手的儿童 …………………………………………… (204)
第七节　智慧和行为问题 ………………………………………… (204)
第八节　身体的缺陷 ……………………………………………… (205)
中文儿童心理学书籍举要 ………………………………………… (208)

神仙故事与儿童心理

关于神仙故事的价值的争论，在欧美已有数十年的历史[注一]，在我国却是新近的事。菲力士·亚德洛（Felix Adler）在一八九二年已提议删除有害、迷信与不道德的成分，如诡谲欺诈的成功，和超乎儿童经验以外的罪恶。蒙台梭利（Montessori）教授竟提倡“讨伐神仙故事的十字军”。指摘神仙故事的人，或以为这种故事，常常有不道德的暗示；或以为神怪事迹，引起迷信和惧怕的心理；或从“心理分析学”（psychoanalysis）的观点立论，以为这种故事的内容，大都是幻想着种种神通幸运来满足人生的欲望，未免鼓励儿童躲避实际的努力，只是靠些不合理的妄想，图一时之快意。但亦有人以为良好的神仙故事，取材于浅近的生活，勉励儿童践诺守信，仁爱慈善，自有不可抹杀的价值。大部分的人，认为现在流行的神仙故事，实有选择改良之必要。

近年来我国仿效欧美习俗，神仙故事式的文学骤然发达。现在神仙故事已经构成儿童课外读物的极大部分，并且侵入了正式课本之内。这是事实，无可讳言的。几年前周毓英君发表一篇《神话非儿童读物》[注二]，前年中华儿童教育社在上海开年会，尚仲衣先生演讲选择儿童读物标准，更明白攻击神仙故事。于是这个问题，在中国也有人注意了。[注三]

要解决这个问题，第一步应先问神仙故事有什么特点，然后讨论的根据才能确定。其次再问这些特点，是否适合儿童心理。再次应问儿童浸淫在这种故事里，会得到怎样的影响。本文拟从心理学的观点审察这三个问题，希望对于神仙故事的价值的估量，与改善的途径，有一点具体的贡献。至于重复前人言论之处，恕不刻意的避免了。

（甲）神仙故事的特点

神仙故事的特点，已经有人做过一番分析，就是维也纳（Vienna）大学的夏洛·卑勒（Charlotte Bühler）。她和她的丈夫卡尔·卑勒（Karl Bühler）都是当代儿童心理学界的泰斗。这个研究在一九一八年发表。[注四]现在我们要把这个研究的结论，大略介绍一下，当作我们第一个问题的答案。[注五]

夏洛·卑勒的分析，是以世界最著名的格林氏兄弟（Grimm Brothers）神仙故事集为根据。[注六]这些故事是德国各处的民间传说，在未写定前已经口头传述二三百年了。起初并非为儿童而作的，后来逐渐变成儿童的特殊恩物。格林氏兄弟两人，将这些故事搜集写定，于一八一二至一八一五年间发行初版，才成为现在的总集。世界上的神仙故事，当以格林氏的为最有代表的资格。据卑勒夫妇说，儿童最喜欢格林氏故事的时期，大约在四岁至八九岁之间，接着便是喜欢安徒生故事的时期，再下去便需要《鲁滨孙漂流记》那种半写实的、合理的想象故事了。夏洛·卑勒将格林氏神仙故事，就角色、环境、情节、结构、想象等项，分析出它们的特点，大意如下：

角色 神仙故事的角色，总是不多，并且各个故事都相仿佛。主角总是儿童，或是可以结婚的青年。配角中有父、母、祖父母、国王、王后及工作的人。后母都是残酷狠毒，在故事中的地位与妖妇相似。最重要的配角，自然是那些神怪，如巨人、矮子、妖妇等。动物的位置，很像这些神怪人物，常常有高于人类的智识本领，在故事中做很重要的一种枢纽。

神仙故事的人物，每个有一二种显著的特性，如大、小、强、弱、美、丑，以及大人训诲儿童时最常提起的品格上属性，如好、坏、勤、惰、服从、拗强等。故事中表示人物的互相不同，最靠对举的方法，好的极好，坏的极坏，分别极为显然。

环境 故事发生的地方，也往往很简单而一致。或是平民住的田野村镇，这是讲故事的人所熟悉的，所以描写起来很有写实的风味。或是国王贵族的宫廷府第，这是未经目睹、全凭猜测想象的，所以铺张富丽的情形，常常不甚合理，譬如黄金做的东西，实在太多。此外便是神怪所居，深黑玄秘的山洞树林了。形容这些地方，也用对举的方法：华丽的极华丽，贫陋的极贫陋，幽秘的极幽秘。

情节 除了少数的例外，这些故事中主要的情节便是那些神异的事迹，如变化、救人和用各种的神通来解决不能解决的难题。神仙故事的转捩，最靠这种神异情节。

人物的行为总是非常直率原始，往往放任一时的冲动，没有回想顾虑。如有人碍事，不问有罪无罪，便把他除去。

故事中好人得赏，恶人得罚，报应眼前实现。赏罚的性质都是很具体的：该赏的，做国王，娶美妇，发大财；该罚的，受体罚，做乞丐，失性命。神仙故事中的威权观念，很刚毅严明，虽有时粗暴些，却没有萎靡暗弱的。

结构　神仙故事的情节大都是分成了几段，然后用几种常用的结构，将它们连串起来。最常见的体裁，是一句预言，后来果然应验了；或是一种命令或禁律，后来触犯了，惹出了是非。又有一种体裁是重复的方式：有的用平行的两起人物；第二起重历第一起的经历，而得到刚刚相反的结局，就是所谓“双叠体”；有的是一件难题，起先两个人或两次的尝试都失败了，到了第三人或第三次尝试才得成功。

想象　有几种想象是神仙故事中所常用，有几种却简直没有。

（子）迅速多变幻的想象，是神仙故事所常有的，如厨司变黑狗、新娘变花、青蛙变王子。有时新角色突然出现；有时一个人刚在此处，忽然变到极远的地方去；有时人没有变动，而房屋环境却完全变了。情形很像梦境。

故事中还有种常见的想象，是极端的夸大。一切艺术都带一点夸张的。但神仙故事的夸大，却是毫无底止：人物不是极美极善极富贵，便是极丑极恶极贫贱；地方不是极富丽极舒适，便是极简陋极幽秘。又有一种夸大的方式是阶级式的递降递升，如“国王的护卫按高矮站着，一边最高的有二英里高，那一边最矮的像小指头这么小”，又如“教皇座旁的蜡烛，最粗的像城上守望台那么粗，最细的像灯草那么细”。

（丑）神仙故事中很少用同时综合的想象，如半人半兽或几种兽的部分凑合起来的怪物，格林氏集中完全没有。描写王宫或神仙住所华富的情形时，想象也是前后相连续的，不是同时综合的；每次只消想到了三四件东西便够了。将一种东西的属性加于他种东西之上，也是罕见的。

（寅）神仙故事避免一切难懂的譬喻。所有的都是浅明具体的俗语，如像血那么红、像雪那么白、像风那么快、像蜗牛那么慢之类。故事中的譬喻都明白说出“像”“如同”“一般”等字眼，都是所谓“明喻”（simile）。不用这些字眼的“暗譬”（metaphor）是绝无仅有的。至于微妙的讽刺影射，那更说不到了。

（乙）神仙故事与儿童的关系及对于儿童的影响

夏洛·卑勒这个分析，可以使我们对于神仙故事的特点，有一个比较明确的观念。我们现在可以进而研究这些特点是否适合儿童心理，以及对于儿童有什么影响。大概拥护神仙故事的人所持的根本理由，是说这种故事适合儿童心理。这句话是否属实，我们应该尽量地向实验的儿童心理学中去寻解答。至于影响的问题，直接的实验证据可说没有，只能参考一般的观察及根据已知的心理学原则去推论了。

“适合儿童心理”这句话的意义很笼统含糊。到底做何解释，不可不先确定一下。据我们看来，这句话至少可以包含下列这些意义：（一）神仙故事适合儿童的嗜好、兴味；（二）神仙故事的想象和儿童的自然想象相似；（三）神仙故事的宇宙观人生观，和儿童的宇宙观人生观相似。就是说，儿童心目中的物质世界、自然事变、社会组织、人类行为、道德规律等等，和神仙故事中所描写或假定的恰是一样。

现在再将各点依次讨论如下：

（一）兴味　在各类文学中，神仙故事最合儿童的嗜好。这似乎是没有疑义的。格林氏兄弟所收集的故事，本来不是为儿童而作的，但数百年来竟变成了儿童的特享品，这种历史的事实，实在不容忽视。古今中外的儿童，到了相当的年龄，几乎没有不喜欢神仙故事的，这不但为一般人所共认，而且实验研究的结果也证实了这种观察。尚仲衣先生在他所著关于儿童故事选择方法的博士论文[注七]里所引的儿童阅读兴趣调查，有许多个证明神仙故事占很高的位置（如 Huber，Grant and White，及 Uhl 等人的研究）。就中休伯女士（M. B. Huber）的研究[注八]很值得我们简单的一述。她请专家协助，将儿童读物分为六大类，就是：（一）带着情爱意味的日常家庭经验；（二）少见，少闻，而却是可能的经验，如冒险事情；（三）诙谐的材料；（四）幻想虚诞，超乎自然，或象征的材料（神仙故事属此）；（五）关于地理或自然科学的智识；（六）英雄的侠义行为或服务人群的事迹。由专家选定可以代表这几类的读物，每类五篇。她将这三十篇选文，读给四百多个一年级至五年级的儿童听，用适当的方法互相比较，叫儿童表示他们的好恶。结果儿童对于幻想神怪的故事，兴趣最好。其次为少见少闻的经验和诙谐材料；再次为侠义服务的事迹；又次为智识的材料，最后为日常家庭经验。以后有人[注九]将同样的材料去试高小、高中及大学的学生，结果除大学生外，幻想神怪故事始终保持最高的位置。

不过以上所说，系对于整个的神仙故事而言。神仙故事的特点，依上文的分析，并不止一种，而且也不是每个故事都具有各种特点的。究竟这种故事之所以有趣，依赖那些特点呢？这个问题对于故事的选择和改良有极大的关系，很值得我们仔细研究。

尚仲衣先生介绍给我们的邓恩（Dunn）的研究[注一〇]就是要分析读物的各种特点和儿童兴趣单独的关系。邓恩之后又有格志（Gates）做过同类而更详密的研究。[注一一]这两个人用的都是统计学上的“分析相关”法。这种繁复的方法，不是几句话可以说得明白。简单浅近地说，譬如各种读物的相互不同，有甲乙丙三个方面。现在一种读物较别种为有趣，我们要知道假如各种读物的乙丙方面相同了，趣味是否视甲为转移？假如各种读物的甲丙方面相同了，趣味是否视乙为转移？假如各种读物的甲乙方面相同了，趣味是否视丙为转移？总之，假如其他一切方面相同了，某一种特点和兴味单独的关系如何？解决这种问题是“分析相关”的特殊用处。

邓恩断定儿童文学的特点有十九种：（一）有动物参与；（二）有直接会话；（三）事物为儿童所熟悉；（四）事物是虚幻想象的；（五）诙谐；（六）含道德教训；（七）用故事体裁；（八）有诗意的；（九）有诗的形式；（十）事物是写实的；（十一）重复体裁；（十二）有结构；（十三）引起惊诧的转折；（十四）动作生动；（十五）有成人角色；（十六）有幼童角色；（十七）有男童角色；（十八）有女童角色；（十九）富于具体觉像（imagery）。

格志略去最后五种，只取了十四种。

邓恩和格志都用三十篇左右的读物，每次将两篇配对读给一年级至三年级的小学生听，请他们批评。根据多量的实验工作，使每篇和每别篇都有配对的机会，断定各篇兴趣价值的高下。一面请专家评定每篇每种特点的程度，然后用分析相关的方法，去计算每种特点（假如其他特点程度是相同的）对于兴趣单独的相关。

现在将两个研究结果表列如下，表中“r”表示该种特点和兴趣的“分析相关系数”。“等级”是和兴趣作正相关的等级。[注一〇]

邓恩的结果[注九]

等级	1	2	3	4	5	6	7	8	9	10	11	12
特点	惊诧	动物	结构	熟悉	重复	会话	道德	故事	诗式	虚幻	生动	诙谐
r	0.47	0.34	0.29	0.275	0.20	0.07	0.05	0.02	－0.015	－0.009	－0.16	－0.25

格志的结果

等级	1	2	3	4	5	6	7	8	9	10	11	12	13	14
特点	惊诧	生动	动物	会话	诙谐	结构	故事	诗意	熟悉	重复	虚幻	写实	诗式	道德
r	0.35	0.23	0.18	0.15	0.14	0.13	0.08	0.07	0.06	0.04	0.01	0	0.005	－0.15

两表虽互有出入，然而两个研究，相隔十年，材料、儿童、实验者，样样不同，结果竟如此相似，不能不说是极可注意的事。就中惊诧、动物和结构，在两表中都占很高的位置，和兴趣作可注意之正相关，显然是兴趣可靠的条件了。儿童中心据邓恩说，也是很重要的因子。[注一二]重复体裁和熟悉材料，好像对于兴趣也有积极的帮助。道德的教训，却似乎是无趣或讨厌的叨絮了。

最可注意的，是虚幻神怪的成分在两表中都表现与兴趣无关。寻常顾名思义，总以为神怪成分，是神仙故事的精髓，是这种故事适合儿童嗜好的主因。现在这两个科学的研究，异口同声地告诉我们这是误解。这个结论，与寻常的印象和休伯等人的研究，如何折中呢？据我们看来，有两种可能的解释。第一是神仙故事中神怪的成分和惊诧的成分总是分不开的缘故。惊诧的转折，是儿童兴趣的重要条件，上文已经说过；但最容易引起惊诧的，便是神异的变化。故事中有神异事变的地方，便是引起惊诧的地方，所以寻常的观察，将神怪和惊诧合而为一，以为神怪是兴趣的主因。邓恩和格志给我们的教训是：如果只有神怪而无惊诧，儿童仍旧不感兴趣；如果能够引起惊诧，那么不论神怪不神怪，儿童总是喜欢的。

第二种的解释，是神怪事迹和“愿望满足”又常常合而为一。愿望满足的心理，下文再行讨论；这里仅指出神仙故事中的神怪变化，常常是满足人生种种欲望一种不费力气的方法。

邓恩和格志的研究，当然不能视为最后的定谳。然而我们根据已有的材料，已可得到一个很重要的结论，便是：就兴趣方面而言，神仙故事的种种特点，或适合儿童心理，或与儿童心理无关，或竟有违反儿童心理的可能，应当分别而论。

（二）想象　夏洛·卑勒所以去分析神仙故事的特点，原意是要研究儿童想象的特点。她假定神仙故事的想象可以代表儿童的想象的。如果这个假定是对的，那么我们也不妨说这种故事适合儿童心理。

不过我们不要忘记“假定”不是“结论”。如果先将分析神仙故事所得的特点，认为是儿童想象的特点，然后根据这个来证明神仙故事的想象和儿童自然的想象相同，便是不可恕的循环论理了。我们应当先用别的方法研究儿童想象的特点，然后将所得的结果和神仙故事的想象对照，才可以知道神仙故事的想象和儿童的心理有什么关系。

神仙故事的想象，据夏洛·卑勒的分析，特点是剧变、夸大和浅易。此外我们可以补加一件，便是“愿望满足”的表现。现在我们将各点分别加以讨论。

（子）简易的幻想，浅显的譬喻，显然是适合儿童幼稚的智力，也不至于有什么不良的影响。

（丑）夸大的冲动，我们在儿童游戏时所表现的幻想上，也常常可以看到。譬如他扮作大将，必定是神勇无伦，一个可以抵敌千万个。神仙故事中这种夸大的意义，卡尔·卑勒曾提出几个解释。第一是要适应儿童幼稚的思想，因为这种粗浅极端的刻画对举，可以使儿童容易辨别人物互相不同之处，引起显著的爱憎褒贬。其次，这种夸大，好像又表示审美上一种原始的倾向：一个幼稚而缺乏阅历的人，捉到了一点快乐的机会，总是一纵到底，不知道什么时候应该节制停止。再一个解释是儿童好像对于阶级式的递降递升的夸张，直接得着很大的乐趣。[注四]

这种夸大的心理恐怕是一种复杂的现象，原因不只一端。除卡尔·卑勒所说的几种之外，有时儿童对于荒唐的夸大所得的快乐，显然带着诙谐的风趣。至于关于富贵权能无限制的铺张，又常常适合心理分析家所谓“愿望的满足”，特别是爱德洛（A. Adler）所谓“过分的弥补作用”（over compensation），下文当再论及。

（寅）夏洛·卑勒所谓想象的剧变，是指那些突兀不测、神怪离奇的情事。我们暂且不问违反自然现象的问题，专就想象的形式而论，这种特点和儿童的想象有无关系？

描写儿童想象的特点的，要算许端（Wm. Stern）最为精辟。[注一三]许端说儿童想象的一种特色是"易变"（volatile character，德文原文是Sprunghaftigkeit)。[注一四]刚刚想象着一件事，忽然跳到别的一件事上，一会儿又跳到另一件事上了。任何偶然的刺激都可以引起他的联想，使想象转变方向。例如许端有一个三岁二个月的小孩子，有一天坐在沙发上玩，起先假装开火车，口中作汽笛呜呜、轮轴嘎嘎的声音；一霎时改做骑马、赶马车；忽然跳下地来把两张椅子推在一处，玩轮船、帆船、小汽船，想象了许多烟囱、煤烟、汽笛、陆地；过一会儿那两张椅子又变为他住的房子，有客人来探访；又一会儿变成做马戏的马厩……

这种迁变的特点，是因为他的兴趣缺乏固定一贯的目标。他的想象，没有受一种目的的支配，而是听凭一时偶然的刺激或联想所牵引，盲目地漂泊。但是神仙故事的想象的剧变性质和这个根本不同。那些异迹，是故事中主人翁的苦乐、祸福的关头，是全篇结构的枢纽，是须顾到前因后果的。这种的想象，无论如何浅陋，到底是艺术的想象。其中的剧变是有意离奇动听，和儿童游戏时的自然想象的易变，截然是两件事。

若单就想象或联想的速率而言，儿童比成人只有较慢，没有较快的。比奈-西蒙的智力测验，有一个题目是要在三分钟内说出六十个字。这个测验要十岁十一岁的儿童才能通过。年纪越小，同时限中所能说出的字数越少。

所以就剧变而言，神仙故事的想象和儿童的心理并没有什么特别吻合的地方。至于这些不合事理的夸大和违反自然的变化，是否会影响儿童对于现实世界的认识，留待下文讨论。

（卯）心理分析家弗洛伊德（S. Freud）所谓"愿望的满足"（wish-fulfillment）是神仙故事中最显著的一种特色，已经多人指出。[注一五]凡人都有高奢难达的欲望。因为事实上不可能，或不肯努力去追求，或正在追求未得，便幻想已得的情形，架造空中楼阁，来过瘾快意，这叫作愿望的满足。与弗洛伊德的愿望满足概念相近的，又有爱德洛（A. Adler）的"弥补作用"的概念。爱德洛以为人类基本的天性是好胜，但又常常觉得自己有某种缺憾，遂养成一种"自卑之感"（feeling of inferiority），因此用幻想或其他方式求来"弥补"这种缺憾。弥补的目标常常十分浮夸，所以叫作“过分的弥补作用”。[注一六]在许多儿童的生活中，这种幻想占很大的位置，特别是生活太枯寂或不快乐的儿童。格璘（G. H. Green）曾做过一番研究，叫许多儿童自述幻想的生活，加以分析。[注一七]我们读了他的有趣味的报告，不但可以明白这些幻想所包含满足愿望的意义，并且可以觉得在儿童中，这种想象比较成人更加常见而且重要。神仙故事所描写的神通法力，富贵尊荣，佳人才子，它的根本意义，在乎使听者设身处地，得着愿望满足的快乐。[注一五]“灰姑娘”（Cinderella）的故事最可为例。在这方面，似乎可以当得起适合儿童心理的断语。

不过我们要保留一句：这种幻想不是儿童和神仙故事独有的特点。一切人多少都有些幻想的生活：成人的文学和许多其他的活动如美术音乐游戏等，常饱含愿望满足的表现。儿童的欲望和满足的方式，不过比较简单直率些罢了。

幻想的愿望满足，原是实际努力的一种替代。有几种精神病，根本性质，便是幻想的生活盘踞在病人的心中，妨害了现实生活的认识与适应。这是一种失败的反应。反对神仙故事的人，可以说神仙故事是鼓励这种失败的反应，养成不健全的习惯，损害实事求是、刻苦努力的精神。这种批评，着实强而有力。

但是，我们是否应该无条件地排斥一切幻想的生活？大多数心理学家，是不主张这样的。伟大的建设的理想计划，和愿望满足的幻想，在心理上原无划然的区分。今日已成的事实，多少是古人的梦想！千里眼，顺风耳，都成了家常便饭；“茜沙米开！”已经不算什么神奇；假使利用十万八千里一个筋斗的速率传达消息，在今日看来，实在是太慢了。发明的人当初大胆虚构的意象，和神仙故事的梦幻并没有绝对的分别。

创造的艺术的兴感，和幻想也没有截然的区分。许端说：“儿童的想象和艺术的想象有一种关系……就是在乎超脱现实的压迫和束缚。但这种造就，在幼年唯有对于外界的表现持不理会的态度，方才可能。假如这种态度过受裁制，想象的能力必遭损伤。”[注一八]麦独格（Wm. McDougall）亦说：“如果一切儿童的幻想都制止了，结果必是一切诗的创造都没有了；文学和戏剧，或者连同科学，都要涸乏。”[注一九]

实际的人生，是太困苦，太紧张，太多禁抑了。有些空中楼阁，可以给人一点变换、松懈、宣泄的机会，或者有“保险门”的功效。麦独格觉得特别是儿童的幻想，比较成人的幻想害处较少。因为最有害的幻想，是发泄被礼教道德所压抑的欲望（repressed wishes）的幻想。这种被压抑或分裂开了（dissociated）的系统，和人格的主系隔离，在潜意识中作祟。变态的情形，大都由压抑分裂而来。儿童的幻想，大抵只是不得餍足的欲望直率的表现，没有多少压抑隔离作用，所以害处较少。当然，就是儿童的幻想也有过分的时候。不过只要不耽淫于幻想生活，至于躲避现实生活的程度，那便是安全范围以内的活动了。[注一九]

总之，就想象的性质而论，我们可以说神仙故事有几方面——但不是全部——和儿童心理颇有关系。至对于儿童的影响，愿望满足的幻想，似带不健全的色彩；然而在相当范围之内，却是有益的常态的活动，未可一例加以排斥。

（三）宇宙观及人生观 神仙故事对于自然、社会、人生、道德的概念，和儿童的心理有什么关系？对于儿童有怎样的影响？

（子）自然界 有一些心理学家，相信十岁以下的儿童，对于自然界事物及其相互关系，有他们特殊的见解。据他们的主张，儿童的宇宙观因果观，和原始民族相仿佛，是“玄秘的”，非“物理的”。瑞士日内瓦卢梭学院的心理学教授让·皮亚杰（Jean Piaget）新近做过许多实验，是主张这种学说者最重要的代表。[注二〇]皮亚杰用谈话的方法，研究儿童对于自然界及其事变的见解。他将种种自然界现象，叫儿童解释其所以然，又当面做许多物理的小实验给他们看，叫他们说明。他接谈过的儿童，常用“目的”“动机”“善恶”的观念来说明自然界现象，如：太阳依时东出西没，是因为太阳“乖巧”，“知道”他应当这样做；河水奔流着，是因为他“要”到海里去（moral，psychological，and finalistic causality）。有许多儿童，将种种无生物当作有生命的看待，好像他们也有意志感觉，如有时倾跌，在家具上碰痛了，会打骂碰他的物件（animism）。又有许多儿童，以为风是有人或神用大扇子扇动而生，船浮是水用力背负着：这是用人工的观念来说明天然事变了（artificialism）。又有很多儿童，相信某种咒语或姿势动作，可以生出某种物理上的结果：这是魔术的因果观念（magical causality）。有时两件事实上不能发生相互影响的东西或现象，在儿童看来，可以有超乎时间空间限制的交感：如人在地上走动，可以引起天空中的月亮跟着走；吃了香蕉，丢去香蕉皮，别人将香蕉皮拾去作法，已吃下去的香蕉，可以在肚内作祟（causation by participation）。皮亚杰相信在个人发展史上，正如在民族文化发展史上一般，有种种必经的阶级。[注二一]这类玄秘的宇宙观因果观，在原始文化时期和儿童时期是自然的现象。文明的成人的物理的宇宙观因果观，在儿童七八岁时萌芽，到了十一二岁以后才完全成立。

这个学说有许多人接受，特别在欧洲，如果这个主张是对的，那么神仙故事的神怪人物事迹，可以说是适合儿童的宇宙观因果观了。

但是又有一些研究这个问题的人，得到了不同的结果。英国唉撒司夫人（Susan Isaacs）的研究[注二二]最为精博。唉撒司夫人主办一个实验学校，其中教育方法，极能贯彻儿童中心的精神，使儿童在思想言行的发展上，享受极大的自由。唉撒司夫人将儿童在这种自由空气中自然表现的言语行为，详确地观察记载下来，做过精密的分析。本文的作者，在美国一个大学附属的小学中也做了一个实验。[注二三]校中的学生大都是智识阶级人家的子女，比较的没有受过传统的、迷信的教化。实验的方法是将一些新异不经见的现象，做给儿童看，叫他们说明原因。此外尚有他人的研究，不必缕述。这些研究指出了皮亚杰许多偏见。和本题最有关系的，是这些人都以为上述神秘的见解，不是某时期儿童所必有，而是由特殊的教育环境灌输而来。在某种社会之中、某种情形之下，诚然可以看出这种倾向，但在别种社会之中、别种情形之下，儿童对于自然界事物的观念，却可以和“文明的成人”极相类。

那么，我们就是取最慎重的态度，也应说这个问题，须待继续研究。皮亚杰的主张似乎还没有得到充分的证据。神仙故事里神异的成分，未必是适应儿童固有的神秘观念的结果，而是社会传统的思想，反是造成儿童神秘观念的一种原因。

无论神秘观念是儿童固有的倾向还是特殊教化的结果，总是和科学的客观的物理观念相冲突。神仙故事如果是造成或增固这种思想的一种原因，那么又是一桩罪案。到底神仙故事，有没有这种影响呢？我们试将各方面的说法，仔细考虑一下。

自一方面说，儿童的智识未充，批评的能力薄弱，受暗示性又显著，由神仙故事得到错误的宇宙观，在理好像很有可能。但我们试一审度儿童全部游戏和想象生活的性质，又觉这个问题不能这样用一句话便解决了。

三四岁以后的儿童，最普通的游戏是幻想的、戏剧式的扮演。一块木头，可以享受慈母施于婴儿的种种抚爱；一张椅子，可以充当船车城堡；小弟妹小朋友，一会儿做亲戚宾客，一会儿做武将文官。小孩子们一心一意扮演着的时候，仿佛千真万确；在感情浓处，竟可以滴出真的热泪，发生真的抖颤！儿童心理的专书以及日常的观察，都可以给我们充分的例证，无须征引。这种现象，应当如何解释？是不是儿童弄假成真，果然相信自己的幻想吗？卡尔・卑勒说：[注二四]"日常的经验使我们相信儿童很少将游戏和生活混淆。幻想的解释决不是错误的解释。……如果小游戏者所抚慰的囡囡忽然真哭起来，或者任何玩具忽然把想象的动作果真实行起来，她一定要大吃一惊。有时一个有暗藏的机关的玩具，在小孩子不意之中，生出这种动作或声音。小孩子常会震惊缩退。只消兴趣稍一转变，儿童自己便会照所玩的东西的本来面目看待它。譬如一块刚才充当爱儿的木头，现在可以丢在火里。真正错误的解释应当有完全不同的结果。郎谔（K. Lange）第一个指出这种现象是和成人看戏，读小说，或赏鉴一种美术作品时的美术的幻觉相像的。儿童虽然深深地浸渍于游戏之中，但是意识中隐隐对于生活的实状保持着正确的态度：就是在这种专注的状态中时，也能够简单地一用思想，便将幻觉的魔幕揭破。"陈鹤琴先生举的许多例子[注三]亦是证明儿童能够把游戏的幻想和客观的现实，分辨清楚的。听故事时的幻想和游戏的幻想，性质最相似。儿童对于神怪事迹，极端的夸大，以及其他违背自然事实的部分，应当不难同样地取一种游戏诙谐的态度，而与现实观念划分清楚。其实儿童对于神怪事迹所发生的惊喜诧异，已可表示这些情事，从他们看起来已是出人意外，与日常经验迥然不同的了。

但是卡尔・卑勒和陈鹤琴所说的这种情形，恐怕已经是比较的进化的造就，也不能概括幻想生活发展历程的全部。在最初的时候，现实与游戏的区分，不能这样明确。要对于一种见闻思想能够明白地下一个真实或虚幻的判断，心中对于真实的和虚幻的这两个相对的概念，至少必须有一点基本的雏形，而这种概念的成立是逐渐发展分化的结果，不是从头就有的。我们成人惯习于这当区分，很难体会当初混沌未判时的情状。然而自近代发展心理学看来，这是了解儿童心理特点所必需的概念。幼童是只顾眼前生活的，没有欲望要使现在的生活和过去将来的生活发生关系，来考察其真幻。这个时代只有经验的直接感受而没有反省、比较、判断。虽然经验可以很鲜明浓烈，引起真的感情，却仍旧只是眼前直率的经验。所以对于见闻思想，无所谓相信，也无所谓不相信，因为他对于这相信不相信的根本，没有想到问题，没有兴趣去理会。[注二五]

从这种情形进化到有真的和幻的，现实的和游戏的等区分，其间经过种种过渡的步骤，许端有很好的描写。[注二五]促进这种分化发展的主要条件：一是与物质环境的实地接触，一是成人的影响。应付物质环境的实际经验，和成人的教训暗示，逐渐地迫逼儿童认识事实与想象，可信的与不可信的区别。

一个儿童已能分辨真实的和游戏的之后，那种只顾享受直接经验，不问是真是伪的原始的态度，并不是从此消灭。就是成人的生活中，这种态度也常常出现，如看戏读小说的时候。在儿童期中，这种态度终究是最自然最基本的态度。有一个小学二年级的学生，某日记在日记上说：他清早上学校的时候，在路上看见一匹空马，他就骑上去跑到学校。教员诧异地诘问时，他才惭愧地承认那不是事实。这一件小事，好像可以指示我们三种原则：一、在任性自然的态度之中，儿童是不费心去分辨事实和幻想的；二、但是需要时，他却能够分辨；三、这种需要，常是由成人逼迫而生的。

应付物质环境所得的经验，大多是可以迫逼儿童辨别事实与想象的区别的，但成人的影响，却未必都是可以促进对于现实世界有正确的认识的。因为成人自己的思想信仰，是文化历史的产品，常常包含许多神话迷信。这种神秘思想，也由有意的教育和无意的暗示，传给儿童。讲神仙故事时，当然是一种很好的机会。

所以据我们看来，儿童对于神仙故事，既不是一味相信，也不是一定能辨别真假。在听读故事时，一意享乐，是不顾真假的；以后的态度，要看种种条件为转移，特别是成人社会环境的影响。如果成人将故事和事实不加辨别地灌输于儿童，儿童必定接受暗示而养成迷信。如果成人明白地表现出游戏的态度，留意给了儿童相当的指导，那么虽有神仙故事也不会妨碍儿童分辨真伪的发展。

只是有一点不可忽略的，就是神仙故事对于巨人、妖怪、树林、山泽和险恶情事的描摹，常常过于狞恶惨酷，容易引起强烈的惧怕。虽是假设的情景，也可以引起剧烈的情感，上文已经论及。大多数小孩子怕黑暗，原因并不在黑暗自身，而在他们在黑暗中所想象的种种可怕的人物情景；而这些想象的内容，很多是由所听所读的故事得来。恶梦的材料亦很多由这些故事供给的。惧怕是儿童时期幸福最大的魔障。少时种下的根苗，常常到了长大成人，还是不能除去。在这方面，作者以为无人能替现在流行的神仙故事辩护的。

（丑）社会状况　神仙故事的社会，是国王、王后、武士、农夫等人物所构成，生活的主要成分是渔猎耕织冒险的生活，总之，是封建时代的社会背景。我们不要忘记了格林氏神仙故事的发源，是在中世纪末叶的日耳曼诸邦。别种神仙故事亦都不免有这种时代地方的特殊色彩。这种特点，当然和儿童心理，完全无涉。

在影响方面，除非成人留意纠正，容易引起儿童对于所处的社会引起误会，正如关于自然界事物一般；如一个七岁的儿童，曾经问过“美国国王”的事等。大概写实的历史故事，在文学上虽有相当位置，但在儿童文学中，假使过去时代情形之追叙，完全替代了关于当时当地生活的写实，却是一种很大的缺憾。作者以为警察、邮差、轮船、飞机以及望远镜显微镜下的发现，未尝不可以构成最浪漫优美的神仙故事。

（寅）人类行为　神仙故事中人物的脾气行事，据卑勒说，是纵任原始的冲动，少有顾虑抑制的。儿童的脾气行事，正是这样。但这种情形，也有好有坏。从一方面说，简单的动机、冲动，可以使儿童对于故事中人物的行为，有亲切同情的领略，那是适合儿童心理的。从他一方面说，儿童所不能不学习的一件大事，就是要克制这种“野性”，养成周到深远的思虑，然后有适应繁复环境、创造高等文化的能力。反对神仙故事的人可以说，它的暗示可以鼓励增固这种原始的性情，妨碍修养的工夫。这话也不无理由。不过暗示的要素，是接受他人的态度意见，为自己的态度意见。假使写说故事的人，对于故事中反社会的任性行为，有适当的批评，那么暗示的效果，也可以改变方向。

（卯）道德观念　神仙故事很显然地有施行道德教训的用意。其中的道德思想，又很有普遍的原则可寻。神仙故事的是非，根本建设在司权者的命令式的可否之上；服从是很受注重的德性。此外常举的行为上属性，是好坏、聪明、愚笨等普遍的概念。裁制鼓励的方法是具体的赏罚报应。就是那些神秘的谶语禁令，虽是一些不可了解，却也不能不遵守。得着报应的原因，与所得报应的性质分量，常常没有合理的关系。解决一个神秘的难题，或遵从命令做 件无意识的事情，可以做国王娶美妇。做一件很寻常的事，触犯了恶巫，或无意中应合了谶语，竟可以破家丧命。

这些特点，有一个根本的中心观念，就是行为的标准是靠外来的命令和诱迫。因此对于行为内在的价值和因缘果报的所以然，都不注重理性的了解。这种观念，可以叫作“他律”（heteronomy）的道德观念。

儿童心理的书常说幼童期的是非，是以成人允许与否为标准。对于行为的本身性质只有模糊的了解。凡赞许或责怪一种行为用的都是一些空泛的名称。[注二六]

最有趣的是皮亚杰以及国立浙江大学教育系王元璋君最近做的一些关于儿童的道德观念的实验。皮亚杰[注二七]编些包含行为问题的故事，一对一对的讲给儿童听，叫他们比较评判故事中人行为的善恶。如在一对故事中，一个小孩子因要帮助父亲，无意中碰翻了墨水瓶，弄污了一大块桌面；又有一个小孩子因为玩弄墨水瓶，弄污了一小点桌面：被试者要判断两个小孩子的好坏，并且说明理由。再在一个例子中，一个小孩子因为受惊吓说了一句与事实相差很远的言语；又一个小孩子有意骗人，说一句与事实相去不很远的诳语。王君的研究，也是用说故事使儿童评判的方法。所用故事，有因为救人显然违背了父亲明白的禁令，及有意为善和无意为善，有意为恶和无意为恶的比较等。两个研究的结果，极为相合。我们可用皮亚杰的结论来代表。年幼的儿童，以善恶为绝对的东西，由成人指示，并强制实行。批评行为，根据服从，而不根据动机；根据事实的结果，而不根据行为的性质。对于命令的解释，注意字面，而不注重其精神。例如关于弄污桌面的故事，是污渍面积越大的小孩子越坏；关于谎语，是与事实相去越远的越坏。年纪较大的儿童，主张刚刚相反，是以行为的动机存心为标准的。

皮亚杰又问许多儿童为什么人不应该撒谎。六七岁以上的儿童的被试者，大多数说因为撒了谎是要受罚的。十岁以上的儿童才举信用等社会价值为理由。

这些事实，好像都证实神仙故事的“他律”的道德观念，和儿童的道德观念，十分吻合，可以说是适合儿童的心理。但我们试一思考，便会觉得这个解释，过于肤浅。神仙故事的他律的观念是传统的制度、思想、教育方法的结晶，而儿童道德观念的特点，也是这种制度思想方法的产品。父亲、教师，以及宗教教训中的上帝神明，都是颁示可否的威权。训导儿童的人，以服从为第一目标。这样做才是“好”“乖巧”的孩子，那样做便是“坏”“糊涂”的孩子，是一般人给予儿童唯一的说明。以威胁利诱的赏罚果报为奖善惩恶的方法，更是家庭学校最老的传统教育，宗教的基本精神。幼童对于管理者所鼓励与禁止的行为的本身价值，以及空泛抽象的批评名词的意义，既无适当的了解，只觉得具体的赏罚是不可忽略的事实，结果自然是将道德观念和司权者的意志，混而为一，而以赏罚为辨别的指南针、服从的理由。

这种传统的制度思想，可以引起儿童“他律”的观念和盲从的趋向，那是毫无疑义的。但我们试进一步问，如果我们的教育制度彻底改善了，儿童的道德思想是不是也必有同样彻底的改变？皮亚杰对于这个问题的讨论，很有精彩的地方，可供参考。皮亚杰和他的夫人，对于自己小孩子的教育，竭力避免威权的约束。他们刻意取一种平等合作的态度，对于小孩子行为的批评，竭力着眼在行为内在的性质和对于别人的特殊影响。然而结果，他们的二岁左右的女儿仍不免时常表现他律的态度。例如有一次她的父亲借她一个贝壳玩，不意之间，那样脆弱的贝壳破了。虽然父亲竭力告诉她那不全是她的过失，她仍旧表现犯过的懊丧，哭了出来。又她每顿饭照例要吃一小碗菜蔬。有一天她身体不好，吃不下去，虽然父母告诉她今天情形不同，可以不用吃完，她总觉得不安心，几次继续勉强，不肯放手。

这种现象，原因不只一端。父母虽然有意避免威权命令的形式，然而事实上的裁制仍然不能免除。而且父母享有超越于儿童的智识能力，事实上行使保护教育的职务，幼儿对他们自然生敬畏之心。所以对于他们的意志，自然而然地尊贵为行为绝对的标准；不必父母施行直接的约束，然后会引起他律的态度。

从教育的观念而论，上述传统的约束教育，是应当淘汰的原始文化。凡儿童行为的可否，都应有超乎教导者的自由意志的客观的理由，而儿童也应尽早知道这些理由是教导者的判断的最后和唯一的根据。父母、教师的威权，除了代表这些理由之外，别无存在之余地。凡说明一种行为的价值，“好”“坏”“听话”“乖”这种名词，是没有用处的。凡一件事可以做或不可以做，总应有个特殊的理由，或是因为小孩子自己的安全发展，或是因为别人的幸福利益。儿童有权利可以知道这个真正的理由。譬如叫他声音不要太响，明明是因为大人怕搅扰，为什么不告诉他这个真实易懂的原故，养成他顾念别人的美德，为什么我们常常说，“不要吵才是听话的好孩子?”这种空泛的名词，有些进步的学校已经刻意避而不用了。[注二八]

用威胁利诱的果报说裁制行为，这种方法，古今进步的哲学家教育家，早已失了信仰。良好行为的价值，在乎自己精神上幸福的完成，和对于他人利益的同情顾虑，不在那些外来的诱迫。训导的目标，在引导儿童认识这一点。况且儿童不久一吃了智识树上的果子，报应说的虚伪难免一旦洞穿。不合理的因果，和“种瓜得瓜，种豆得豆”的常态人生相违背，最易给予儿童以错误的人生观。有心的教育家应该希望儿童认识人事因果关系之密切，和有目的意义的努力的真实价值。

总之，他律的观念，并不是真正的道德观念。而神仙故事的道德教训，却不脱这种原始的形式。

结　论

（一）神仙故事的种种特点，其适合儿童心理与否及对于儿童有什么影响，各各不同，应当分别而论。

（二）神仙故事以儿童为中心人物，以家庭亲属及常见动物为主要配角，用直率夸大的幻想满足原始的希望；其中人物的行为，无顾虑地一任冲动；故事的结构是特殊的重复体裁；情节注重惊诧的转变；词语材料，浅近而易于了解。这些特色，可以说是适合儿童的心理的。神怪事情的效用，大概是引起惊诧及幻想的欲望满足。至于所描写的社会背景，是日耳曼诸邦封建时代的社会背景；神怪人物事迹，是古来迷信的传说；对于森林山洞的畏怯，是原荒时代的心理；他律的道德思想和报应的观念，是传统的教育制度的产品。这些是已成过去或将成过去的文化的遗迹，与儿童的心理，并无直接关系。

（三）在影响方面，儿童中心、家庭背景、重复结构、惊诧情节、浅近易解诸端，是有利无弊的。凶恶残暴的描写，可以引起惧怕的苦痛，养成怯懦的性情；原始的道德教训，养成错误的道德观念，皆深可訾议。至于愿望之幻想的满足、神怪事迹人物之偏重、人物行事之任性、社会背景之不合现状：我们认为是有多少恶影响之可能，需有相当的指导修改，方可避了害处而得到益处。

如果我们的分析没有重大错误，那么可说神仙故事不应构成儿童读物的唯一种类或过大部分，而亦不必一律废除。至于应如何选择改良，似乎也不无几种具体的标准了。

（注一）关于欧美人士对于神仙故事的讨论，参看 Guidance of Childhood and Youth，by B. C. Gruenberg，Macmillan，1928，pp. 148 ff.

（注二）《学灯》五卷十二册七号。

（注三）《儿童教育》三卷八期，儿童读物专号，尚仲衣、吴研因、陈鹤琴等的论著。

（注四）Charlotte Bühler：Das Maerch und Phantasie des Kindes Beiheft 17 Zur Zeitschr. F. angew. Psychol，Leipzig. 1918. 又 Karl Bühler：Mental Development of the Child，Harcourt，Brace & Co. 1930，pp. 96 ff. 有英文提要。

（注五）夏洛·卑勒的研究，作者曾做过一篇介绍登在浙江省立民众教育实验学校出版之《民众教育季刊》三卷一号民间文学专号。

（注六）现有中文本《格林童话集》，彭兆良译，世界书局出版。

（注七）Chung-I Shang：A Method of Selecting Foreign Stories For the American Elementary Schools，Teachers College Contributions to Education，No. 398，1929，Columbia University. Ch. Ⅳ.

（注八）M. B. Huber：The Influence of Intelligence upon Children's Reading Interests，Teachers College Contributions to Education，No. 312，1928，Columbia University. 又（注九）内格著书中五二至五六页有提要。

（注九）A. I. Gates：Interest and Ability in Reading，Macmillan，1930，pp. 57 ff.

（注一〇）F. W. Dunn：Interest Facters in Primary Reading，Material Teachers College Contributions to Education，No. 113，1911，Columbia University. 作者手边没有原书可查，文中征引是根据格志书中提要的。参看格志书（注九）七〇至七三页。表示邓恩研究结果的表，是格志改编的，不是邓恩原有。

（注一一）（注九）七三至九三页。

（注一二）根据尚著（注七）二八页。参看（注一〇）说明。

（注一三）Wm. Stern：Psychology of Early Childhood，George Allen and Unwin，1930，Ch. XIX.

（注一四）同上二九四页。

（注一五）G. H. Green：Psychanalysis in the Classroom，Putnams' Sons，1927，pp. 65—73.

（注一六）关于愿望满足和弥补作用的概念，可参看朱光潜著《变态心理学》或《变态心理派别》，商务。

（注一七）格璘著书（注一五）第二章及第三章。

（注一八）许端书（注一三）二八一至二八二页。

（注一九）Wm. McDougall：Outline of Abnormal Psychology，Charles Scribner's Sons，1926，pp. 212—213.

（注二〇）Jean Piaget：Ⅰ. The Child's Conception of the World，1929. Ⅱ. the Child's Conception of Physical Causality，1930，Harcourt，Brace & Co.

（注二一）皮亚杰所描写这些玄秘的非物理的因果观念，大部由 Lucien Lévy-Bruhl 处得来。Lévy-Bruhl 是个研究原始民族思想的人类学者。皮亚杰接受他的结论，并且以为可以应用于儿童的思想。参看 Lévy-Bruhl：Ⅰ. How Natives Think，1910. Ⅱ. Primitive mentality，1923. George Allen & Unwin，London.

（注二二）Susan Isaacs：Intellectual Growth in Young Children，1930. Harcourt，Brace & Co.

（注二三）I. Huang：Children's Explanations of Strange Phenomena，Psychol. Forsch.，Bd. 14. 1930. Springer，Berlin.

（注二四）卡尔·卑勒著书（注四）九三至九四页。

（注二五）本节大意多采自许端（注一三）二八三至二八八页，但主张颇有出入。

（注二六）H. L. Hollingworth：Mental Growth & Decline，Appleton，1929，pp. 175—176.

（注二七）Jean Piaget：The Moral Judgment of the Child，Harcourt，Brace and Co.，Ch. Ⅱ：Moral Realism and Adult Constraint.

（注二八）Susan Isaacs（注二二）三三页。

附　　录

上文发表之后，又看到了两个有关系的研究。

一个是中山大学徐锡龄君的“儿童阅读兴趣的研究”。[注甲] 徐君用的是问卷方法，将编好的表格用儿童爱读书报选举的名义，叫儿童填。填表的儿童有三千多人，大多数是广州市的学生，自小学四年级起至高中三年级止。结果“小学四年级的兴趣，集中在神话、童话、故事和小说。那时期所爱读的，都是远离实际生活，或竞神奇怪诞的书如《西游记》《封神》《怪家庭》《奇少年》等。……小学五年级中，浓于想象色彩的小说，仍占势力，大致和小四没有差别。”自初中一年级以后这一类故事的“地位都完全消失，或逐渐消失了”。这个研究的意义，和休伯等人的研究居于同等地位。

幼童文学中常用的一种体裁，是字句再三重复。这种体裁，是否果然适合幼童的胃口，新近有美国斯密司（Lois Z. Smith）做过一个很好的试验。[注乙]她选了三个故事，每一个用三种不同的体裁编成。现在用“两只鹅的故事”的头两句话为例，来表示三种体裁的不同。

（一）直叙的　“鹅先生和鹅太太遗失了他们的套鞋。他们说，‘我们一定要有套鞋，才可以上街去。’”

（二）字句重复的　“鹅先生遗失了他的套鞋。他说，‘我一定要有套鞋才可以上街去。’鹅太太遗失了她的套鞋。她说，‘我一定要有套鞋才可以上街去。’”

（三）意义重复的　“鹅先生遗失了他的套鞋。他说，‘我一定要有套鞋才可以上街去。’鹅太太的套鞋遗失了。‘我没有套鞋是不能到店铺里去的。’她说。”

斯密司将这些故事，讲给三十三个二足岁多至四足岁多的培育院儿童听。讲的次序，被试者的分组等等控制的方法，都还精密，现在不赘述。她一面预先训练几个观察者，在旁边观察儿童听故事时的注意和表情动作（如注视、笑、拍掌等），来估量他们的兴趣。结果是儿童对于字句重复的体裁，最表示兴味；意义重复的次之。

（注甲）徐锡龄：《儿童阅读兴趣的研究》，国立中山大学教育研究所丛书之十五，民二十，上海民智书局。引文在二六页至二九页。

（注乙）Smith，Losi Z.：An Experimental Investigation of Young Children's Interest and Expressive Behavior Responses to Single Statement，Verbal Repetition，and Ideational Repetition of Content in Animal Stories，Child Levelopment，Ⅰ，232—247，1930.

儿童绘画之心理

自　序

这本小书，总述儿童绘画行为发展的历程，探究其心理上的原理——虽然也报告一些自己的材料，主要却是一种撮述和评论。我们相信科学的目标，不在乎一味收集事实，而在乎寻求事实的意义和原则。所以全篇都是以了解种种现象的所以然为观点。

在理论方面，唯一较新的意思是以完形心理学说所注重的“知觉固定性”及“最好完形律”来说明儿童图画一部分的特点，对于“儿童画他所知，不是画他所见”这条历来公认的原则，表示根本的怀疑。

所述儿童图画的特点和原理，原是根据欧美学者的研究。但自己征得的材料，可为例证的，美不胜收。可知书中所述，无大错误；又可证明我国儿童绘画行为发展的历程，和欧美儿童是一样的。

虽然是小小一本书，已经非有许多人的大帮助不成。横河小学的校长彭惠秀和其他几位先生们，替我们向小朋友征画；几百位小朋友热心合作，我们非常感激。浙大教育系杨衔锡君和培育院的几位同事，都有所帮助；吾妻代任抄写之劳；一并在此申谢。

一九三七年一月二十八日，杭州。

概　论

作画是童年乐事之一。命运好的儿童，有纸、笔、石版、画架、彩色；街巷乡里的穷孩子，拾起一块砖头，也可以在墙头地上，宣泄其天然的冲动。儿童的绘画，和美术家的绘画不同，并不是狭义的美术，而是一种游戏。在儿童自己，并无意要所画的东西美观，也不大着意要他准确，只是自由地发表他的意念而已。画出来的东西，看去虽然常常似乎极无理可笑，然而其中却大有原则道理，可供寻味。而且儿童绘画的特点，大都靠着画者当时智识兴趣发展的情形而定，极少受成人的习俗和艺术的义法所束缚，所以特别足以表现儿童的“心理”。因此数十年来，成为儿童心理学中一个重要的题目。

一八八七年意大利美术史家利齐（C. Ricci）[注一]著了一小册《儿童的艺术》（L' Arte dei Bambini），在欧陆创始这个问题的研究。但在利齐之前，英国库克（E. Cooke，1885）已曾发表过一篇文章，在英美很有影响。到了现在，世界各国已发表的实验研究不下二百多。德人客申斯泰纳（Kerschensteiner，1905）的大著是一个可以纪念不替的贡献。自后精美的研究又出了不少，在儿童心理学的园地上算是比较的有收获的一角。本文的主意，是要把历来研究中我们认为最有价值的结果，略为叙述；而特别注重的尤在乎探讨这些事实的心理上涵义。

（注一）　括弧内西文，一面是注明人名原文，一面是标出参考书。参考书目在书末，按照著者的姓氏的字母次序排列。同一人有数种时，按出版先后排列。

研究的方法

历来研究的方法，可分为下列四类：

（甲）尽量收集许多儿童的图画，观察其一般的特点。这是艺术史家的方法；在今日儿童心理学家看来，未免觉得尚欠精密。新近有美国人边德（L. Bender，1932）研究纽约平民区域儿童在街上人行道上画的东西，倒是这种方法别开生面的应用。

（乙）观察一两个儿童从小到大绘画的行为收藏所画的成绩，研究其发展的历程。这是所谓“传记方法”的一个特例。最好的有法人鲁开（G. H. Luquet，1913，1927，etc. 又崔载阳，一九二九）、德人应额（H. Eng，1931）等的工作。在我国有陈鹤琴先生的研究，可以为例（1936）。

（丙）选定许多可以代表各种年龄的儿童，叫他们作画，加以统计的分析。依着所注重的问题的性质，或是让儿童自己挑选所爱画的东西；或是用语言指定某种东西或情境；或是将实物放在面前，让他们写生；或是将画好的样式叫他们模仿。这是在控制之下收集材料，可称为“试验”的方法。本文中所附的例图便是用这个方法收集的。

（丁）如果根据上项的材料订定常模，制为量表，以为判断个别儿童图画能力的标准，那便是测验的方法了。沈有乾、张革的研究，属于此类（1935a，1935b）。

发展的程序

大凡叙述一种发展的历程，不免划分为若干时期或阶级，然后一一讨论。但我们必须明白，这是一种不得已的办法，不可过于拘泥。因为演化的历程，大都是赓续渐进，天衣无缝，没有截然的级段的。儿童的绘画，也不是例外。所以有时一张图画，可以介乎两种阶级之间，不易断定应当归入何级，也可以同时具有不止一个时期的特色。一个儿童，就一般而论已达某级程度之后，在疲倦、不经意或其他不适当的情形之下，可以又恢复已经蜕脱了的较低级的行为；而在特别良好情形之下，神来意得之时，或者忽然会有超乎常时造就的成绩。虽然如此，我们描写进化历程的时候，为便利于概想起见，仍旧不得不略为夸张，勉强分出几个阶级。

儿童绘画的演化，可分四大时期：

（甲）涂鸦期（scribbling period）

（乙）象征期或过渡期（symbolic or transitional period）

（丙）定型期（period of schematic or formalized drawings）

（丁）写实期（period of realistic drawings）

下文分别讨论每期的特点。

（甲）涂鸦期

婴儿在未能作画之前，先能涂鸦，而在未能涂鸦之前，对于纸笔，也如同对于其他物件一样，已喜欢玩弄。这些最初发展的步骤，格瑞尔（Gesell，1929，pp. 216 ff.）有仔细的鉴定。大概半岁以后的婴儿，如果给他一支铅笔，他会攫取在手，摇舞，摆弄，敲桌子，或塞入口中。给他一张纸时，也会抓取，捏绉，撕破。近周岁时，会用笔把纸张刺、拨、推、敲，偶然产生些重点或笔画；不过这纯粹是动作的游戏，纸上的痕迹只是偶然的结果，儿童丝毫不加以注意。到了儿童注意自己的动作和纸上的笔画的关系，有意涂画出些纹线来，以为娱乐，涂鸦期便算开始了。

涂鸦是真正绘画的先驱，这时所画的，是一些无意义的笔画。但儿童从此得到控制手臂和笔纸的练习。应额（Eng，1931）将这时期再分为三步：

（子）波形涂鸦：最初所画的是波形线（图一）[注二]。婴儿顺着手势，

（注二） 这些例图，除另有标注者外，都是我们在一九三六年冬季在杭州横河小学和浙大教育系培育院请小朋友画的。自培育院至小学六年级各一班，每班自二十余至五十余人，共三百五十余人。所画有五种东西：人，狗，房屋，树，花。人是写生画：原拟的计划是叫一个同学（培育院是一位教师）侧面向右坐着做模型，让其余的同学看着照样画。后来有两班主持的人弄错了，一班模型是立着的，一班是向左坐的，其余都照原定计划实行。关于人的写生，下文“定型期之模仿画”一篇中另有详细的报告。其余四种都是自由画。分发的纸张上分别印有“请你画一只狗”“请你画一所房子”“请你画一棵树”“请你画一盆花”字样。临时教师再对儿童口头说一遍。所用例图，大都挑选可以代表其余的。

其余的例图大部分是由沈有乾和张革二位所收集的材料中选出（参看参考书目）。再有几张是西文书上摘抄下来的，因为它们有特殊的价值，这些都分别注明。

每图都注有画者的性别、年龄和级次。级次在最后。“培”是培育院，“幼”是幼稚园，“一”是“一年级”，余类推。年龄是实足年月，如“4；2”是四岁两个月。小朋友填生日，常常没有说明是阴历还是阳历，所以算错个一两个月，恐怕是常有的。

从肩节或肘节来回摆动，画出一堆接连的、倾斜的、微曲的线。画时常是将手渐渐向下移动，使后来的线在先画的底卜，但重叠是难免的。

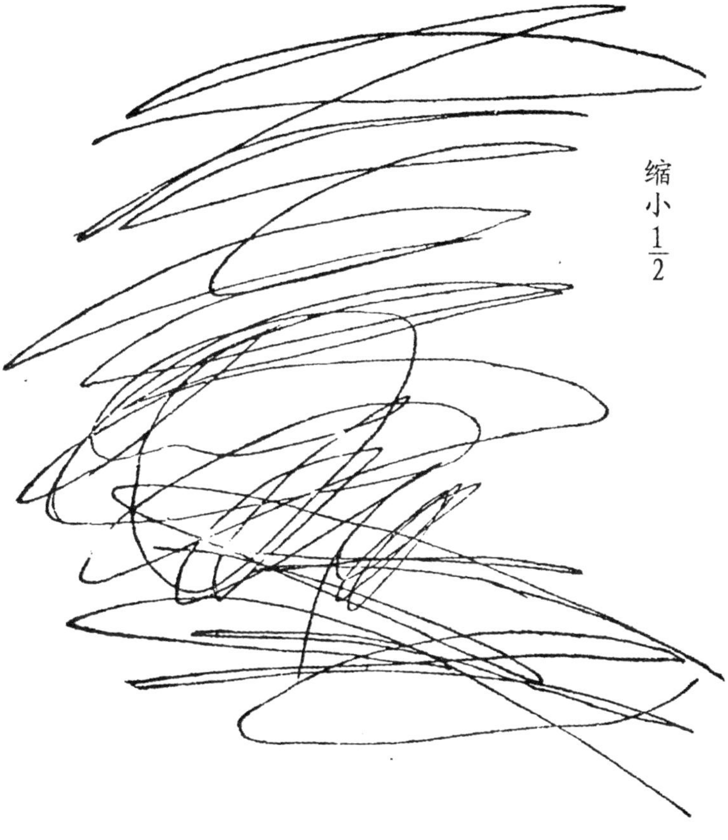

缩小$\frac{1}{2}$

图一　女，4；2，培

（丑）圆形涂鸦：比波形线进一步的涂鸦，是圆形线（图二、三）。这种旋转的动作，比来往摆动需要较高等的控制。许多研究者，注意到这种动作，在寻常善用右手的婴儿，大都是顺着时辰钟的针走的方向转的（参看陈鹤琴，页三）。赖斯（C. Rice，1930）将一个菱形（◇）的图样给二岁七个月至十四岁多的儿童看，叫他们照画，结果也证明顺钟向的动作较为普通。我国人圈书时运笔是顺钟向的，西洋人写 O 字时是反钟向的：照此看来，似乎还是我们的笔法顺乎自然。

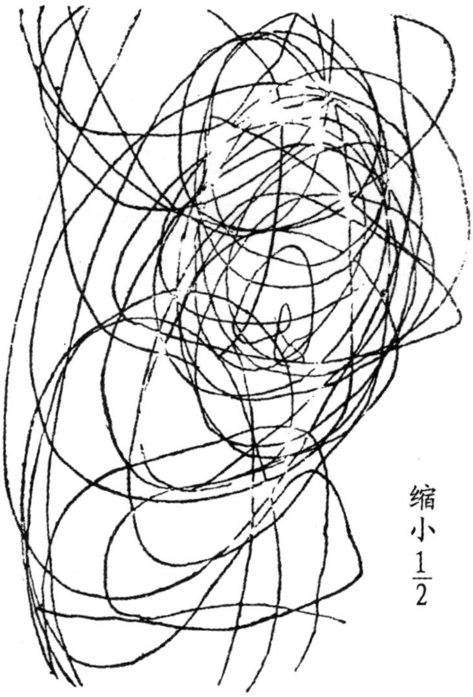

缩小 $\frac{1}{2}$

图二　男，2；9，培

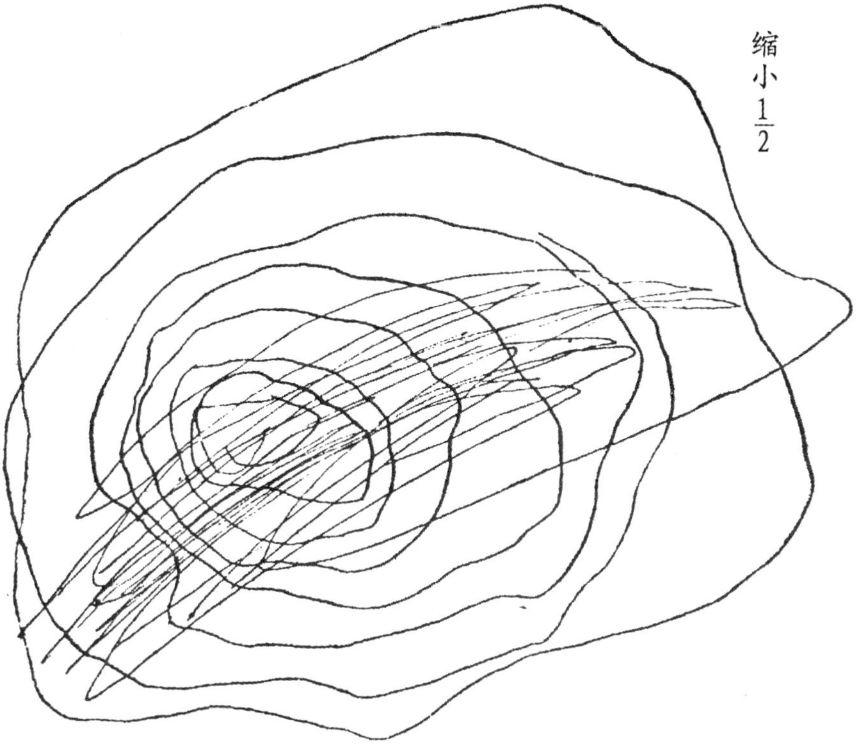

图三　男，3；7，培

圆形涂鸦，起先也以肩部肘部为中心，较成熟时才渐渐移向腕部，这一点鲍尔温（J. M. Baldwin）在一九〇三年已经观察到。动作的发展，是从大筋肉粗糙的动作到小筋肉精微的动作，又是从躯干向四肢的末梢发展，这是生物动作发展基本原则之一，近年得了不少的证明。

圆形在图画发展上似乎占有很特殊的位置。后来较高级的图画，常常是由圆形蜕化出来或包含圆形的成分。例如人面人身，总是用一个圆形做轮廓；火烟，头发，树叶，常是用一串接连的圆套圜来表示。边德（Bender，1932）对于这个问题有详细的讨论，并且用完形派心理的原则来解释。

涂鸦初期的活动，是承接前期拿着东西摇舞的游戏而来，是比较地简单、机械，富于重复的节奏动作，其乐趣大部分还是在乎动作的自身。所画的东西什么样式，儿童是不大在意的。再进一步的涂鸦便不同了。

（寅）多形涂鸦：第三步的涂鸦可称为多形期。此时各种形状逐渐分化。直线、角、交叉、椭圆、螺旋、方形等等相继出现（图四）。儿童有意试验各种线形，不只是机械的动作而已。波形和圆形的涂鸦，都是团聚在纸中心一块儿的，这时期的各种线形，常常是独立而散在纸的各部分。

缩小$\frac{1}{2}$

图四　女，2；3，未入学

图画中的涂鸦，和语言的发音游戏（babbling）很可以互相比较。发音游戏也是无意义、多重复、偏于动作节奏的活动，而对于真正语言，也有预备练习的功用。

（乙）象征期或过渡期

介乎涂鸦与真正图画之间，有一个时期，儿童所画的线形虽然还是和涂鸦一般，但儿童自己加以名称，说他所画的是某某物事。这个时期又可分为两步：

（子）儿童先画了一个形状，然后发觉它像某种东西，说出名称来。在画时儿童显然并非有意要画这个东西；说出名称之后在成人看来也不定以为相像。

（丑）儿童先决定或宣称要画什么东西，然后去画，或是一边画一边说。画完后成人虽仍不觉得相像，但儿童则漫不经意，恬然自足。

据维也纳黑彻女士（Hetzer，H.）的调查，三足岁至四足岁的儿童几乎无例外地都在涂鸦期，只有百分之十对所画的东西加以名称。四足岁至五足岁的儿童，三分之一一边画一边说名字，再三分之一未开始前先说名字。五足岁至六足岁的儿童，百分之八十已达到了这种最高的象征阶级。女孩子比男孩子早。家庭的社会地位高的比社会地位低的早。六足岁至七足岁的儿童，差不多都是真正象形的图画了（Stern，1930，pp. 366—367）。

夏洛·卑勒（Bühler，Charlotte，1935，pp. 82—83）指出儿童对于积木、黏土等原料的创作，也经过同样的发展历程。起先做的是一些没有名字的东西，后来做后加以名字，后来未做或正做时说出名字。四五岁以后象形的作品开始出现，逐渐替代了纯粹象征的作品。

这个时期的作品，在艺术的客观成就方面，虽然并不比涂鸦期高明，但既然有了名称，其心理上的涵义便大大地不同了。因为在儿童意中，这几笔线形代表他所想象的某种东西，是有意义的，有了象征的作用了。这种代表或象征的作用，是语言文字和其他符号的要素，是人类所以超越其他动物的绝大关键。语言、文字，是用一些声音或纸上的符号来替代某种事物。有了这种可能，然后一个人的思想，可以传达于别人，然后“秀才不出门，能知天下事”，然后前民的经验可以保存下来为后人之用，代代累积，成为文化。这一种功用是大家所知道，是容易懂得的。此外符号还有更深一层的功用，便是做我们运思的工具。我们有了某种符号，然后对于不在眼前的东西，能够去想。他，如同在眼前差不多。有了这种能力，我们便无须事事去实地试验，只消利用一些符号，便可以想象、思考。这样的人类便超脱了时间空间的限制。符号当然不限于语言文字，手势、图形以及种种艺术的作品，都有这个功能。其根本之处，在乎用一种行为或其产品替代另一种事物。在象征期中，儿童的图画已达到了这一步的成就。

（丙）定型期

定型期是儿童绘画主要的时期，此期和象征期的区别，在乎所画的东西不止是在儿童的意中代表某物，而事实上多少象形。不过此处所谓象形，是相对的，严格说起来，这时期的要素，正在其缺乏正确的写实性，而别具特点。现在我们先描写一些具体的实例，然后探讨其特点及所以然。

（子）定型期绘画实例

（一）儿童画人的演进

最好的实例是画人。画家以仕女为最难画，但十岁以前的儿童自由作画时最爱画的是人。画人进步的历程，可分做四步描述：

（1）蝌蚪人。儿童所画的人，最早可以辨认的部分，是个近乎圆形或椭圆形的头。头的底下再加上一条或两条直线，代表腿或躯干和腿，便居然略具人形了。这样的一个东西，称为蝌蚪人（图五、六）。

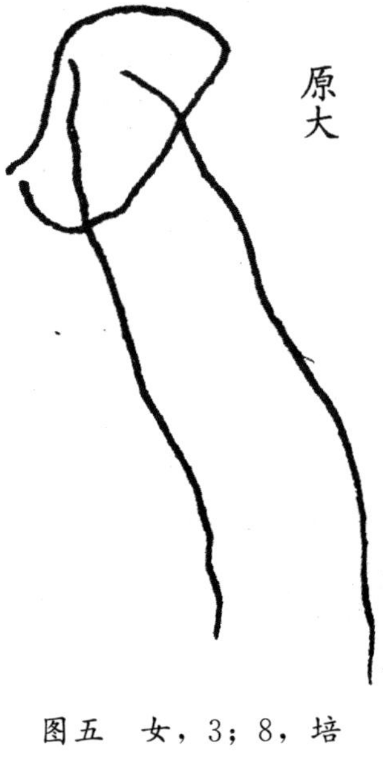

原大

图五　女，3；8，培

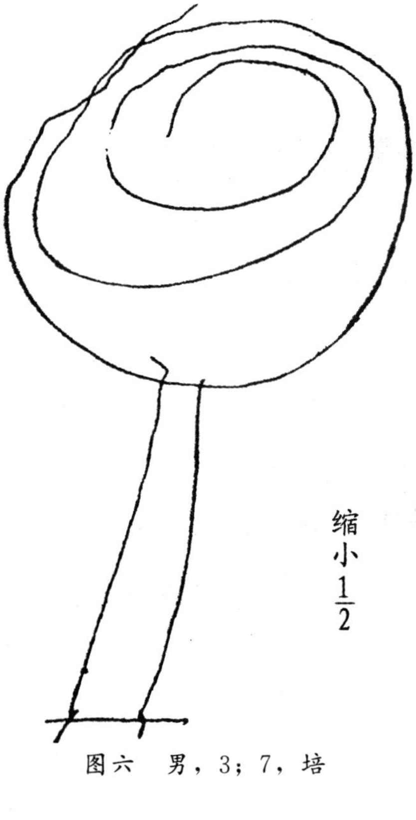

缩小 $\frac{1}{2}$

图六　男，3；7，培

（2）渐益完备的正面人。蝌蚪人的头上，也许已经有些点、画成小圜，代表五官（图七、八、九、十）。以后的发展，是身体的各部分一一增加，至于成功一个颇为完备的正面人。同时表示各部分的方法，也渐益进步（图五至二十）。初期的人，没有年龄男女阶级的区别，只是个普通的“人”；等到头发衣饰等件渐渐出现，各种不同的人才渐有分别。此时的人都是正面直立的，扁平而无立体的样子，而且僵木没有动作和表情。

自蝌蚪人至完备的正面人，其间经过了无数残缺不全的阶级。各部分之逐渐出现，颇有一定的规例。巴特利治女士（Partridge，L.）在一九〇二年，古纳夫女士（Goodenough，F. L.）在一九二六年，各做过仔细的分析，结果大同小异。巴特利治所得的次序大概地说是：头—躯干—腿—臂—帽子—纽扣—颈—发。古纳夫的是：头—腿，眼睛—嘴—鼻—躯干—衣服，臂—指头—颈—发—耳朵。（这两个次序，是本文作者根据 Eng，1930，p. 110 及 Goodenough，1926，pp. 24—25 的表整理出来的。）

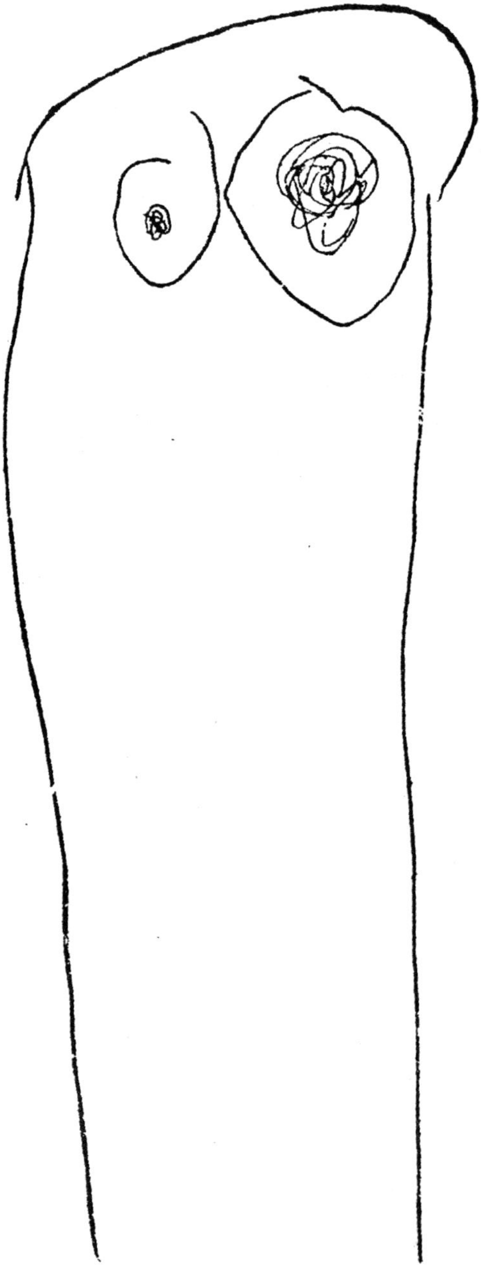

缩小 $\frac{1}{2}$

图七　女，?，培

图八　男，5；1，幼

缩小$\frac{1}{2}$

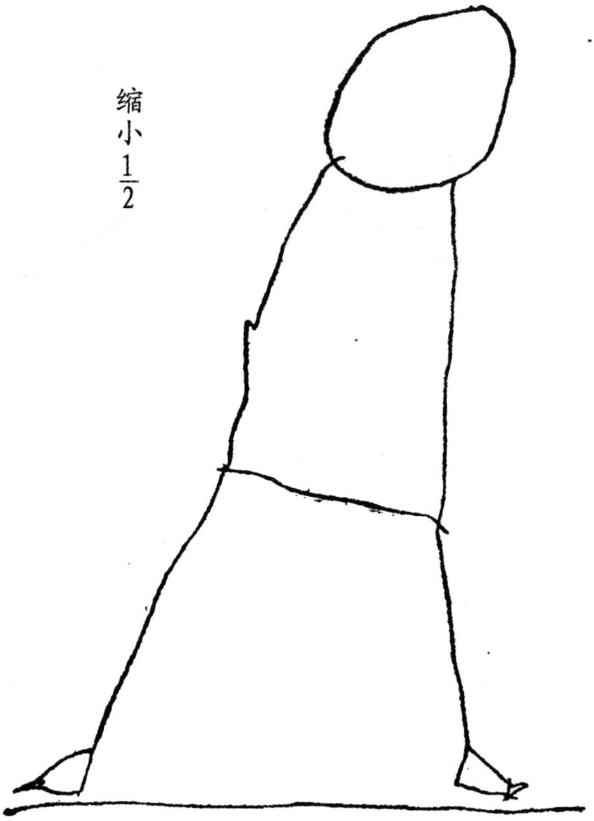

图九　男，4；9，培

缩小$\frac{1}{4}$

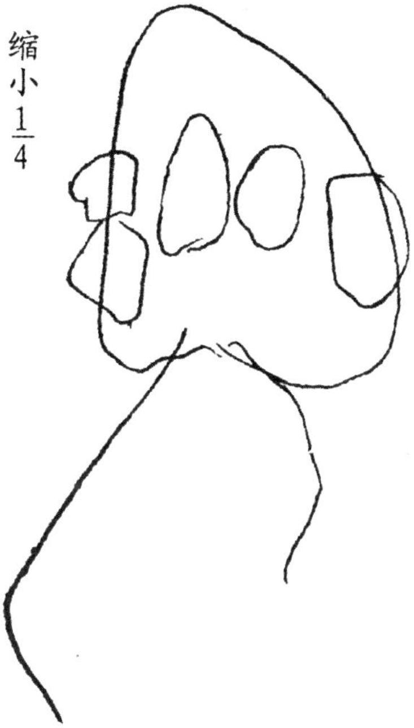

图十　男，2；10，培

缩小$\frac{1}{2}$

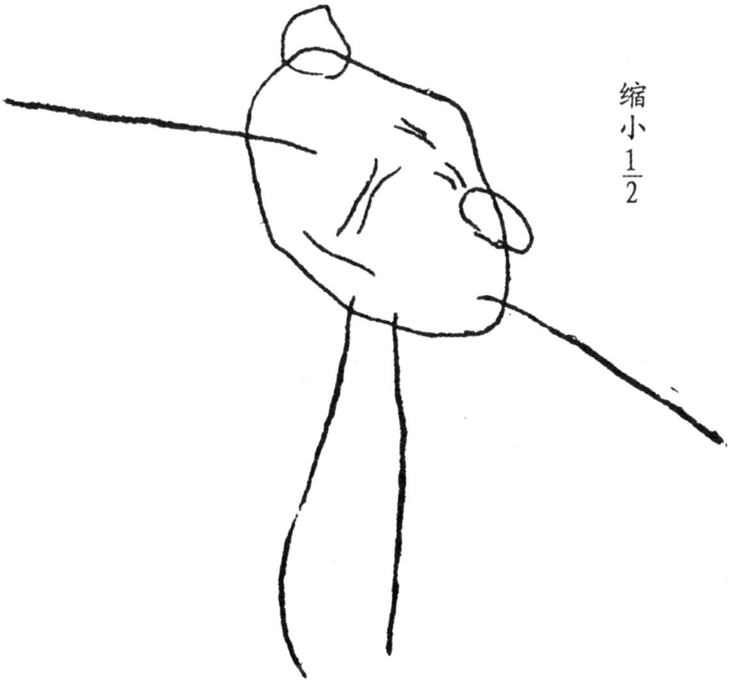

图十一　女，4；0，培

图十二　女，4；2，幼

图十三　男，4；10，幼

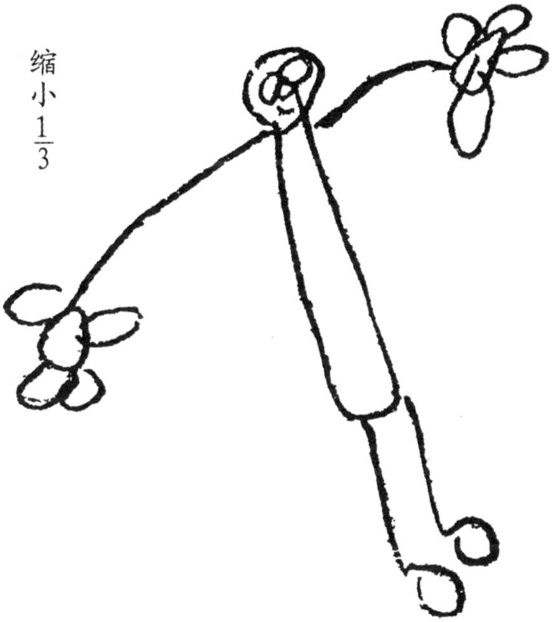

图十四　女，5；5，幼

缩小 $\frac{1}{2}$

图十五　女，5；8，培

缩小 $\frac{1}{4}$

图十六　女，7；1，?

图十七　女，6；0，幼

图十八　女，7；6，二

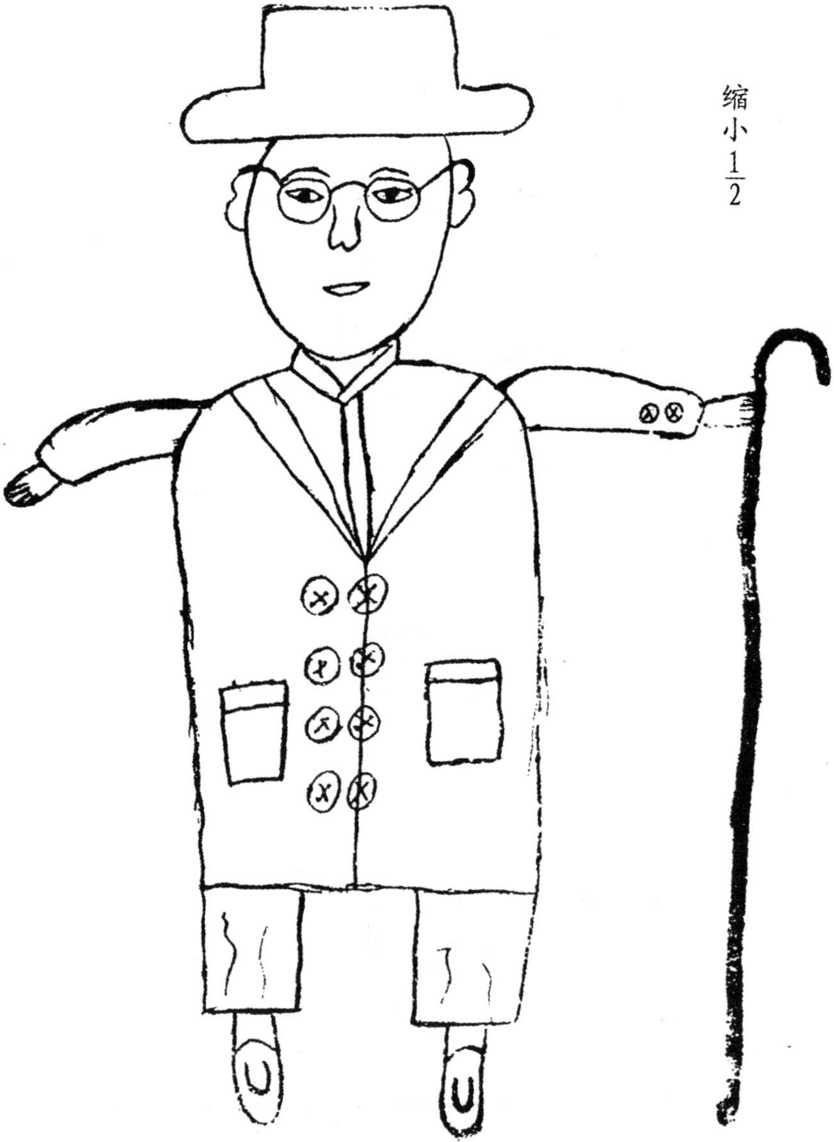

缩小$\frac{1}{2}$

图十九　男，10；1，四（自张革）

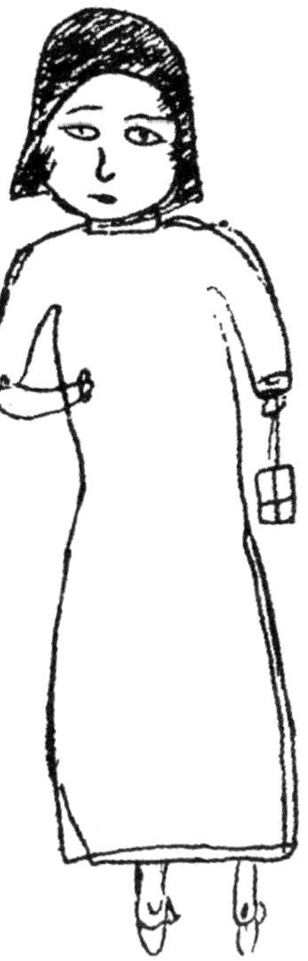

缩小 $\frac{1}{4}$

图二十　女，10；10，五（自张革）

（3）侧面人。在发展的历程上，侧面的人比正面的人出现较迟。儿童初试侧面人时，并不是身体的各部分都一致地侧转，常常是几部分已经转过去而其他部分仍旧保持其正面的位置（图二十一、二十二）。结果有时产生些奇特的混合物，如：鼻子在旁边，面孔上却仍有两个眼睛；两臂已同在一边，而衣服中间还有一直行纽扣。有时同一器官，两处叠见，如头旁有个侧面的鼻子，双眼底下又有个下面的鼻子（图二十三）。有几种混合，其不合理处较为精微，如：眼睛只画一只，但仍是向正面看的；两脚都已转过去，而两腿却仍是隔开平排并不是前面一只遮着后面一只。（注：在各家著作中常见关于这种混合物的例图，Sully，K. Bühler，etc.）但在张革及作者自己收集的材料中，混合侧面极少，十分奇特无理的竟没有。）

画侧面的趋向与年龄俱增。据赫利克（M. A. Herriek，1894，See Hurlock & Thompson，1934），五六岁儿童的图画已开始有一些侧面的成分，八九岁儿童的图画，有一半是混合的侧面。据古纳夫（Goodenough，1926，p. 21），过渡时是在八岁至十岁之间。

缩小 $\frac{1}{4}$

图二十一 男，6；10，?
（自张革）

缩小 $\frac{1}{4}$

图二十二 男，12；9，五
（自张革）

原大

图二十三 Eng 引自 Ricci

各部分转过去的先后也略有一定的程序。据巴特利治是脚—鼻—目、口—臂—躯干；据应额和克勒赤（Krötzsch）是脚 臂—头和躯干。（Eng，1930，p. 111）

因为用右手作画手势顺利之故，侧面人大都是向左的，除非画者有意要两个人对看，那时便一个向左，一个向右。

缩小$\frac{1}{3}$

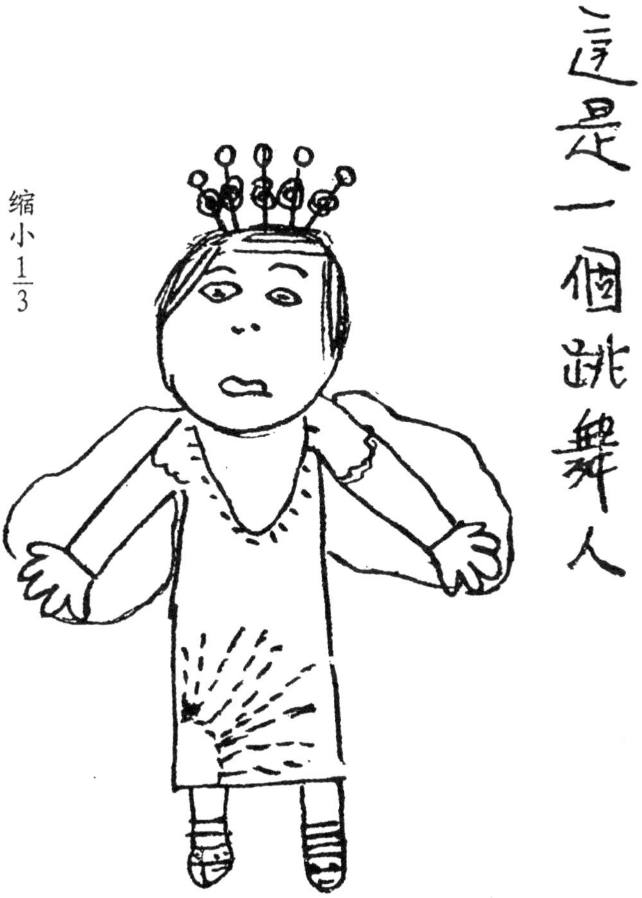

图二十四　女，11；3，五（自张苹）

（4）动作。动作是儿童图画主要难题之一。鲁玛（Rouma，1913）将儿童表示动作的方法分作四级：（a）所画的人物死板无活动的姿势，儿童将所想象的运动用语言描写出来（图二十四）。（b）用接连的方法来表示动作：如从一个直立的人的手画一条线接到旗杆上，算作拿旗子；又如将两个人的手臂延长连在一处算作握手。这样的手臂，当然长得怕人（图二十五、二十六）。（c）动作的表示限于局部，只是关系的肢体略有适当的姿势。例如跳舞时一只脚弯曲着，拍掌时两只手合拢着，身体其他部分，却仍是正面死板的样子（图二十七、二十八）。（d）最后才是动作的写实，有意表示动作时全力调协的姿态（图二十九、三十）。但儿童绘画到了有这样的造就时，应算是写实期，不在定型期范围之内了。

缩小 $\frac{1}{3}$

图二十五　男，6；6，二

缩小$\frac{1}{2}$

图二十六　女，11；11，四（自张革）

缩小 $\frac{1}{4}$

图二十七 男，8；9，二（自张革）

缩小 $\frac{1}{4}$

图二十八 女，10；0，三（自张革）

缩小 $\frac{1}{2}$

图二十九　男，10；1，四（自张革）

缩小 $\frac{1}{2}$

图三十　男，10；0，四

（5）画法的演进。至于表示身体各部分的方法及其进步，也很特别。头大都是用一个大圆圈或椭圆做轮廓。眼睛先是用点或圆圈，后来是圈内加点或小圈，或是曲线底下加个点等。嘴由一条横贯的直线，渐进为两条平行线，横放在椭圆形、梭形或长方形。嘴里加一排小点，或短的竖线，或上下两排一个个独立的U字形，算作牙齿。鼻子是垂直线，一勾，三角形、圆形、竖立的椭圆形等；讲究点的在下端加两点或两小圈当作鼻孔。耳朵出现时，是头两旁轮廓外两个长圆半圈或3字形。画侧面时，耳目只消少画一只。口鼻只消改变其位置，或在代表头面的轮廓上伸出一块，凹进一沟。头发的画法，有辐射的直线，顺着头两边下垂的曲线，或接连的旋螺形等。躯干起先和腿不分，似乎是用两腿间的空隙为代表；后来用横笔隔出，或另画个圆形、椭圆或长方在腿的上面。臂和腿起初只用长长的单线，后来才用双线包着空隙，表示其轮廓。足初出现时，大抵只是和腿成直角的两短画，后来才成为长方形或椭圆形。两臂从旁边伸出，向上向下或横着，不定。手指或是由臂的末梢辐射而出，或是与臂线成交叉或由与臂成直角而代表手掌的一条短线平行地生出来，像一把钉耙。指头的数目是很不一定的，自两三根至十几根不等。手指也是由单线进为轮廓。以上所说，无非是举一些最普遍的例子以示一斑，其他的变化，当然不能一一缕述（图三十一至三十四）。

这些简单的笔画，是很自然的；在看的人很容易明了其意义，在儿童也似乎无须努力学习，自然而然地便出于这种画法。这一层很可以和语言的“象声字”（onomatopoeia）对照。儿童初学说话时，先会说的常是一些模仿动物或其他事物的声音的字，如狗为“汪汪”，猫为“咪咪”，鸡为“喔喔”等。这种字严格的说起来并不是真正由儿童自造，事实上还是由父母保姆学来，随着环境的国语方言而差异的。但无论如何，这些声音和原物到底有一点相像，容易懂，容易学，容易记，当得起“自然”二字，这时的画术也是这样。

缩小 $\frac{1}{3}$

图三十一　男，7；2，二

缩小 $\frac{1}{2}$

图三十二　女，7；4，二

缩小$\frac{1}{5}$

图三十三　男，5；4，一

原大

图三十四　男，7；1，二

（二）兽类

除了人之外，儿童最喜欢画的大概是各种动物了，起先画的大都是狗、猫、马、牛等常见的四足兽，而禽类次之。画兽发展的步骤，和画人极为相似。在我们收集的材料之中，最初超乎纯粹象征的成绩很像蝌蚪人，只是略有一点横行的暗示而已（图三十五、三十六）。再高一步的，是一个横长的圜，加个小圜在一端做头，再一根尾巴，几条垂直线做腿，便成了一个兽类的基本模型（图三十七）。然后是各部分逐渐增加，形态逐渐准确，至于成功一个颇明确的兽类（图三十八至四十）。至于是什么兽，那是没有分别的。我们对儿童的说明虽然是“请你画一只狗”，但大部分的图却看不出是什么动物，只是一个普遍的四脚兽而已。最有趣的是其中有许多头面和人完全一样（图三十九）。据鲁开的解释，这是因为儿童先学画人，然后过渡到动物，所以将熟悉的画法应用在新题材之上。无论如何，笼统不分化是这时期的特点。

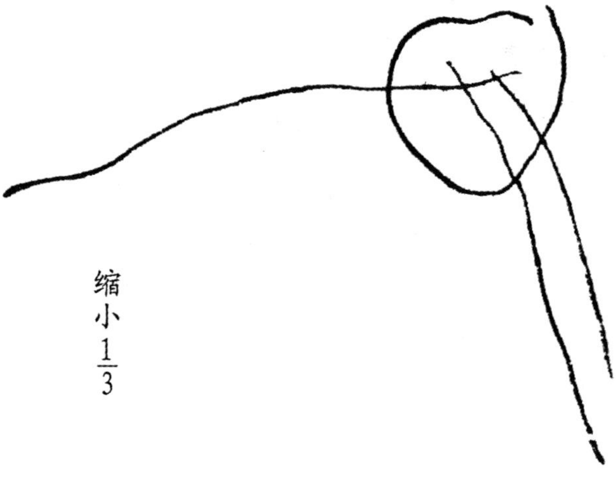

图三十五　女，3；2，培

图三十六　男，4；9，幼

图三十七　男，5；1，幼

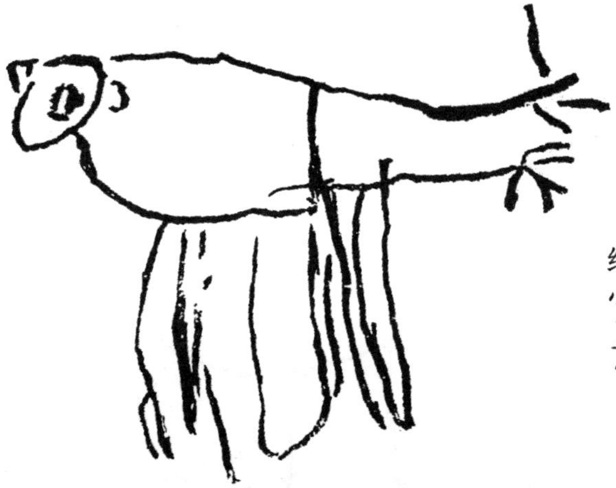

缩小$\frac{1}{4}$

图三十八　男，4；11，幼

原大

图三十九　女，7；6，一

缩小$\frac{1}{5}$

图四十　男，7；5，?

再进一步，然后狗的特殊形状渐渐出现，同时也由扁平的渐变为立体的（图四十一、四十二）。少数年纪较大的儿童，居然有像图四十三那种有生气的写实画了。姿势动物，和画人一样，是最难能的造就（图四十四）。

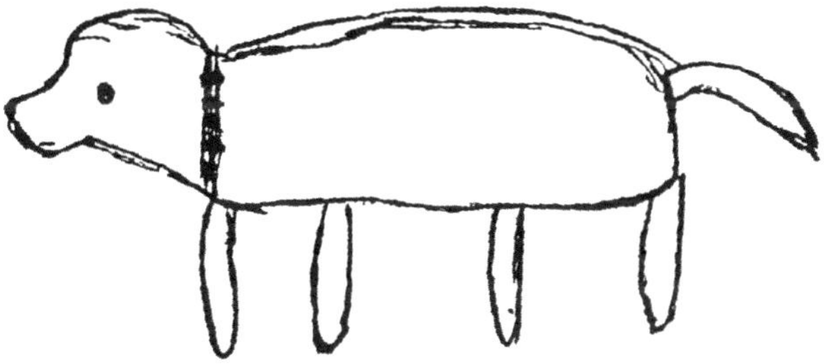

缩小 $\frac{1}{4}$

图四十一　女，12；1，五

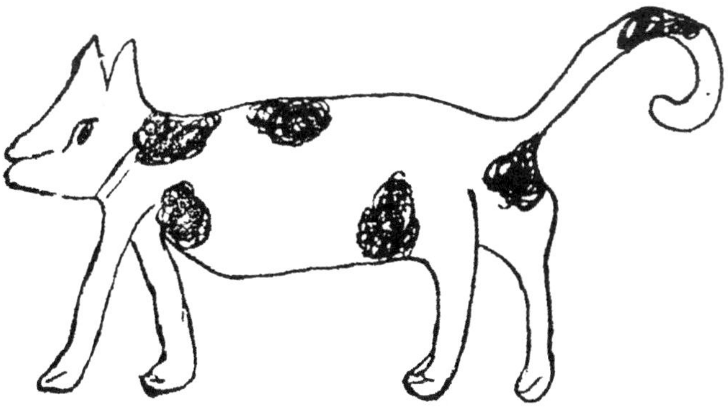

缩小 $\frac{1}{4}$

图四十二　男，11；0，四

原大

图四十三　男，13；1，五

缩小$\frac{1}{3}$

图四十四　男，11；7，五

（三）房屋

房屋亦是儿童极喜欢画的东西。在我们所得的材料中，最初可以辨认的形状有五六张殊出我们意料之外的像图四十五的“梳”形，似乎是代表屋顶。比较地合乎房屋的基本雏形的是一些近似方形的东西，加了一些窗、门之类（图四十六、四十七）。后来其他部分，渐次出现，不但屋顶、瓦片、烟囱、门钮，甚至于电铃、信箱、春联、石狮子。屋顶大都是三角形或梯形。烟囱口冒出的那大股烟，很少遗漏。房子里面的家具、人物、电灯、楼梯，常常也居然一一罗列，恍如墙壁都是透明的一般（图四十八至五十）。假如桌椅似乎横粘在墙上，人头顶住了天花板，或是全身虚悬在空中，儿童也不放在心上。房屋外也许加了一个花园，有花木、草地、小径、鸡犬，外面围着篱笆，或者再点缀上一轮红日、几座远山、一排飞雁。

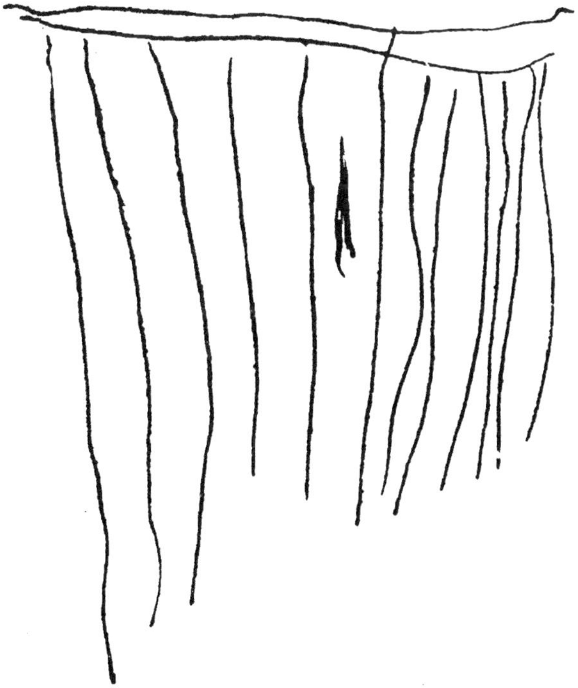

缩小 1/2

图四十五　男，4；3，培

缩小$\frac{1}{3}$

图四十六　女，4；2，幼

缩小$\frac{1}{3}$

图四十七　女，5；2，幼

缩小$\frac{1}{3}$

图四十八　男，4；5，幼

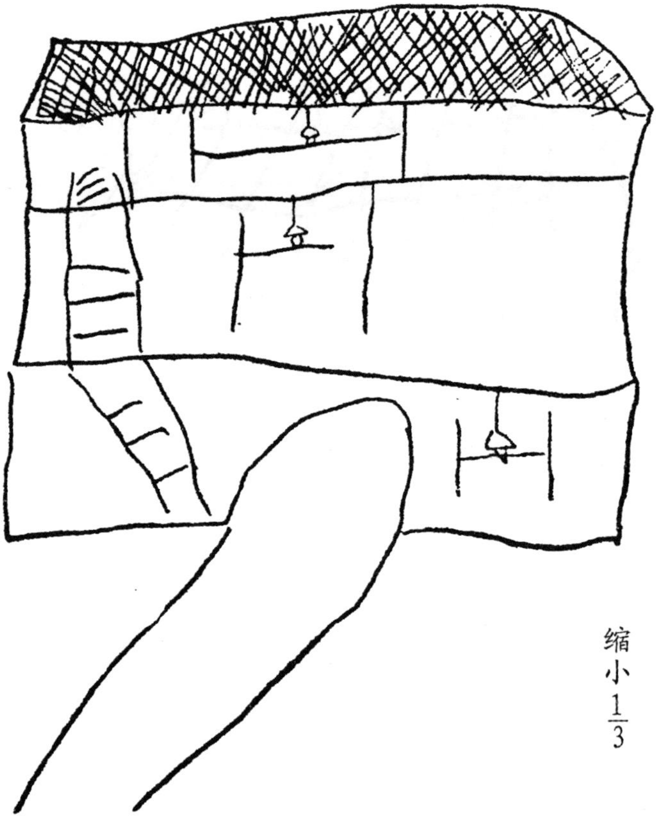

缩小 $\frac{1}{3}$

图四十九　男，6；1，一

缩小$\frac{1}{3}$

图五十　男，6；5，二

除了部分的增添之外，房屋演进的主要方面是立体的发展。起先房屋也都是扁平的，只有正前一面。后来儿童会想到房子是不止一面的，便开始去表示其余。图五十是一个两面的初试，有时一画便画了三面，旁边那两面张开转过来，和正面一列平排（图五十一、五十二）。有些儿童似乎自觉这样不很适当，于是便注明“前”“后”等字样，以资补救（图五十二）。若非第四面委实无法表示，定然有些儿童也把它画出来。

原大

图五十一　女，9；1，三

缩小$\frac{1}{3}$

图五十二　女，7；6，二

大多数小学儿童，似乎都在尝试表现房屋的两面立体形，而未有完美的成绩。他们的成就，可以用图五十三和五十四为代表。各部分协调的立体，正如侧面人一般，不是突然涌现的，而是一部分一部分逐渐得到适当的表示。屋顶一端另分一个三角形，是最容易做到的第一步，但正面和侧面的檐沿和墙脚，起先还都各是一条接连的直线（图五十三）。进一步两面墙的檐际才构成适当的角度，唯有屋底的横线最难：许多几乎完善的立体房屋，在这一点上功亏一篑地毁了（图五十四）。及至旁边墙角也有适当的倾斜，便俨然是写实的成绩了（图五十五、五十六）。

原大

图五十三　男，8；1，三

缩小 $\frac{1}{3}$

图五十四　女，8；4，四

原大

图五十五　女，11；0，六

缩小$\frac{1}{3}$

图五十六　男，11；7，六

（四）树

树和花也是用一些固定的公式来表现其主要部分。客申斯泰纳辨别几种最常见的模型（Eng，pp.120—121）：

（1）帚式：树干上端一簇辐射的枝条，颇像扫帚（图六十）。

（2）螺团式：树干上螺旋一团。

（3）羽式和梯式：羽式是树枝从干的两边平行伸出（图六十一）；梯式是一些短画横贯树干。此两式常不能区别。

（4）缺叶式：一些缺裂瓣叶形的轮廓围在主干之上。

我们所得的材料，从图五十七至六十五，可见一斑。图五十七虽只可算象征画，但已具直长的形势。小学高级生最多的画法是像图六十三那样主干上漆黑一团，以及像图六十四那像枝条杈枒。起先树也是无种类的区别的，高级生才有画各种特殊的树的，而以柳为最多。

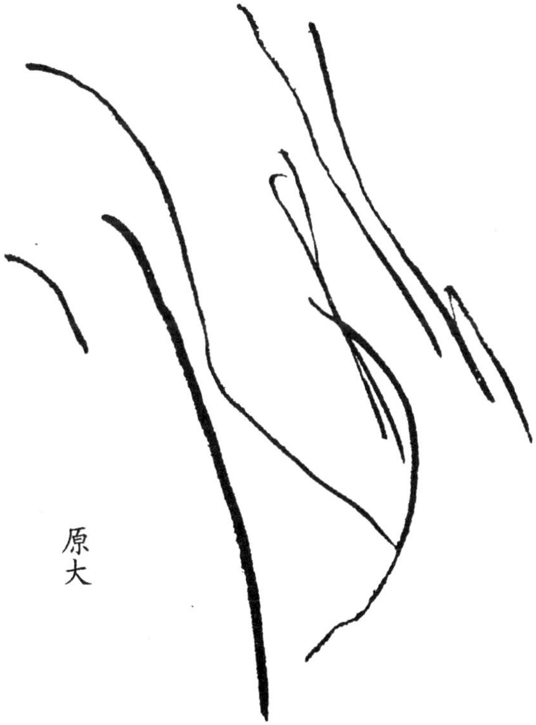

图五十七　女，2；9，培

图五十八　男，3；10，培

缩小 $\frac{1}{5}$

图五十九　女，6；1，一

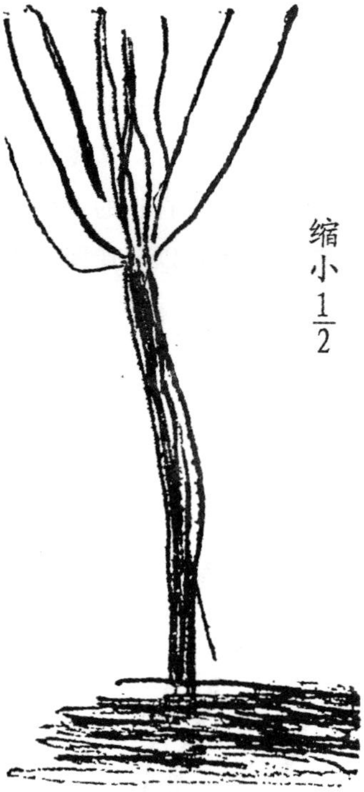

缩小 $\frac{1}{2}$

图六十　男，4；7，幼

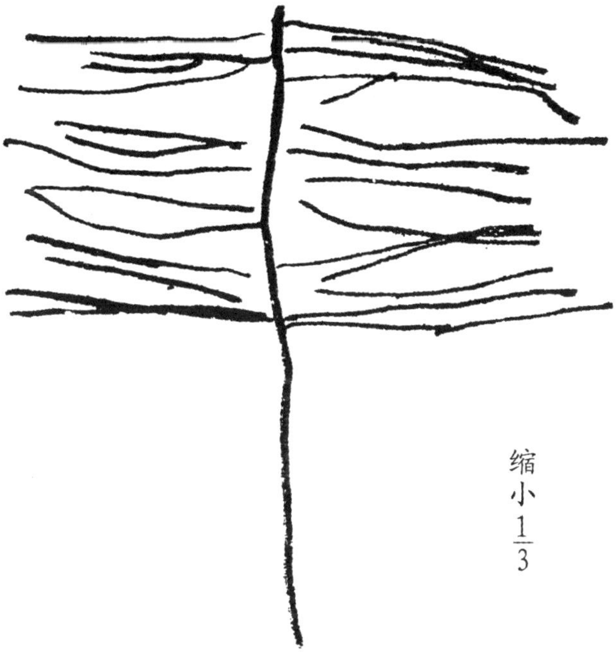

缩小 $\frac{1}{3}$

图六十一　男，4；8，幼

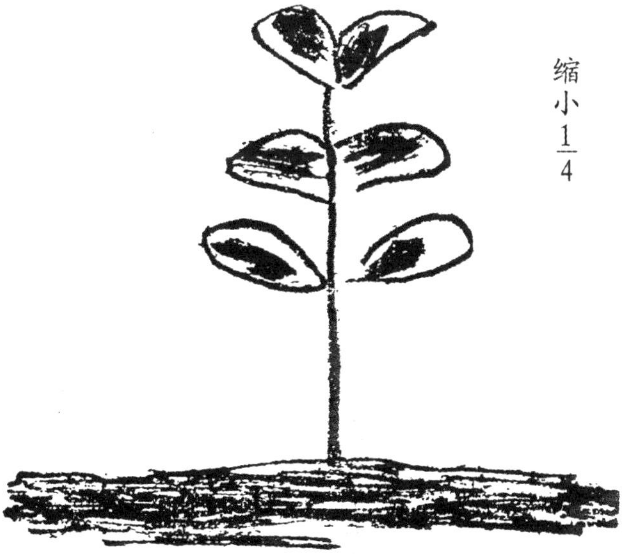

缩小 $\frac{1}{4}$

图六十二　女，5；0，幼

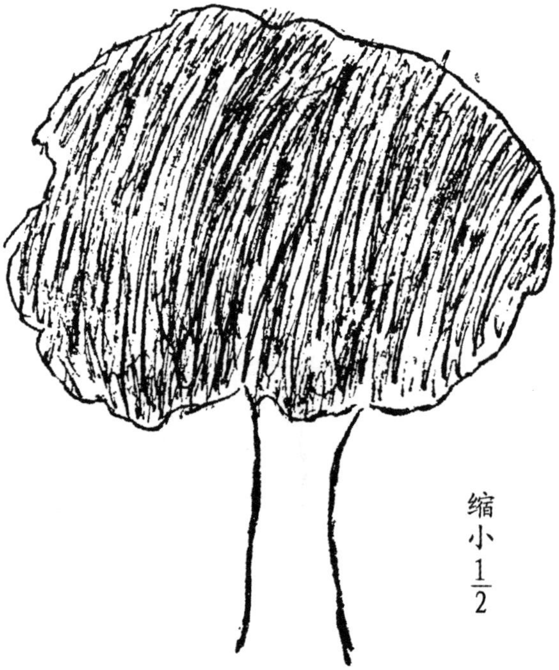

缩小 $\frac{1}{2}$

图六十三　女，7；5，三

缩小 $\frac{1}{3}$

图六十四　女，6；1，幼

图六十五　男，9；7，三

（五）花

客申斯泰纳分有：（1）钮式（图六十六、六十七）；（2）雏菊式（图六十八、六十九）；（3）山慈姑或钟式；（4）玫瑰花式等。我们所得的型式，参看图六十六至七十四。就中以雏菊及其变形（图七十、七十一）最为普遍，高级生有画兰、梅、水仙、鸡冠等特殊种类的，而以菊为最大多数，其中颇有写实的佳品（图七十四）。

此外其他物事，原则与上述相仿，无须一一缕述。

原大

图六十六　男，3；4，培

原大

图六十七　女，6；6，二

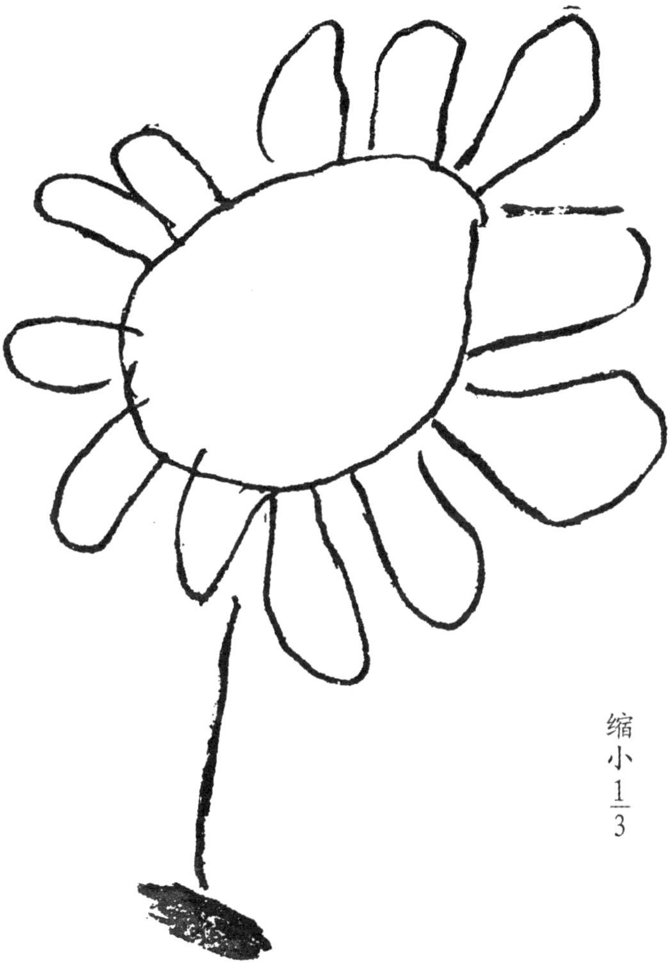

缩小$\frac{1}{3}$

图六十八　男，4；9，幼

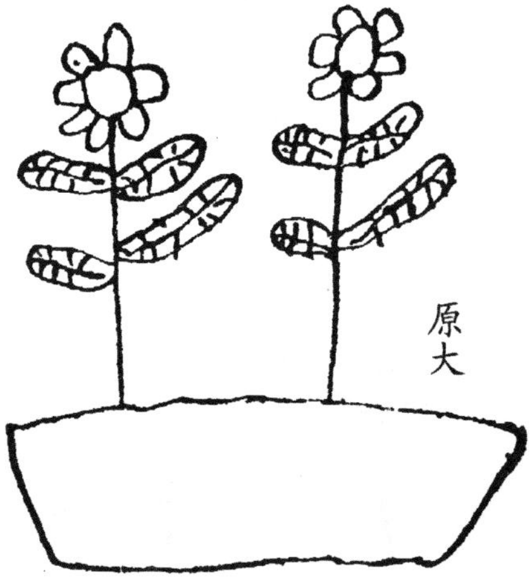

图六十九　男，7；0，二

图七十　女，7；1，二

图七十一　女，11；10，四

原大

图七十二　男，8；11，三

缩小$\frac{1}{2}$

图七十三　男，12；2，六

图七十四　男，14；10，六

（六）定型期之模仿画

以上所说都是儿童的自由画。如果将实物放在面前，叫儿童看着写生，或将画好的样本叫他们临画，结果便怎么样呢？

这样的实验，已有不少人做过，克拉克（A. B. Clark）将一根女人帽上用的长针穿通一个苹果，叫几百个六岁至十六岁的儿童看着画。针的顶是对着儿童的。结果如图七十五。最小的儿童大都是画那根针左右横贯着

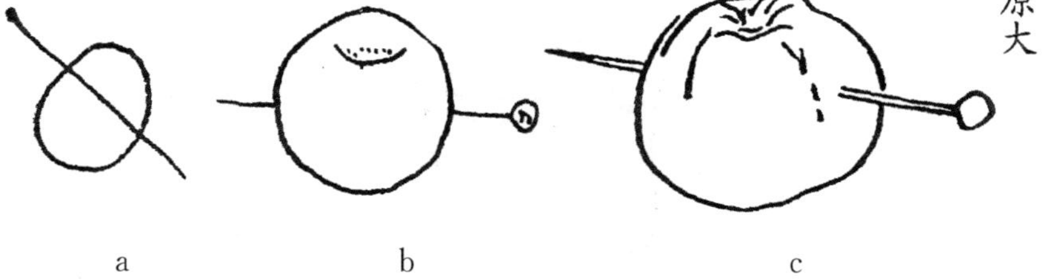

图七十五　Eng 引自 Clark

苹果，并且全根针都看得见（a）。稍大的知道苹果是不透明的，但自己的观点和针的方向还是不管；在他们画中，苹果的外面一边有个针头，一边有个针尖，都画到苹果的界线为止；似乎针还是左右横穿的（b）。最大的儿童，才有几个表示针是前面插进去，后面出来的（c）。（Eng，153—154）

客申斯泰纳叫德国明兴城各种岁数的学童看着一个侧面向左坐着的同学作画。结果一一二四个学童中有三百六十人（32%）画的头还是正面的，八百十五人（72.5%）画的是立着的（Eng，124—125）。

本文的作者仿客申斯泰纳的方法叫三百五十一个杭州市的儿童写生。程度有培育院（nursery school）、幼稚园和小学的六个年级各一班；年龄自两岁九个月起。模型原定是一个侧面向右坐的人，但高年级有两班方法错误，所以表一年龄的分析最高三级的儿童没有用，只算一百九十一人。表二是按级次分析的。结果较小儿童的作品，仍只有涂鸦，似头的圆形，蝌蚪人，和各种正面直立的人。上文用以表示画人进展的例图，从第一至第十七，除图四外，都是在这种情形之下画的。较大的儿童，才有侧面直立，人立在椅子旁边，立在椅上（图三十一），正面坐（?）着（图三十二），侧面坐而方向错误（向左），混合的侧面坐（图三十三、三十四）等等。这些尚算是有参照模型的意思的。和模型符合的只有六足岁和二年级以上才有。而且此处所谓“符合”，也是将标准放至最宽限度，事实上起先亦只是像图三十四那种定型的画法。

表一　各年龄儿童（191人）写生画成绩分析

年龄		2;9—	4;0—	5;0—	6;0—	7;0—	8;0—	9;0—
人数		18	23	38	26	45	28	13
结果百分比	象征的涂鸦	33.3	4.3					
	圆形及蝌蚪人	44.5	8.7	2.6				
	正面直立	22.2	87.0	73.7	57.7	13.3	7.1	15.4
	侧面直立			2.6	11.5		3.6	7.7
	有椅侧面立			2.6		4.4		
	立椅上					4.4		

续表

年龄		2;9—	4;0—	5;0—	6;0—	7;0—	8;0—	9;0—
人数		18	23	38	26	45	28	13
结果百分比	正面坐					6.7	3.6	
	侧面坐方向误						3.6	
	混合侧面坐			18.4	3.9	20.0	7.1	7.7
	侧面坐如式				26.9	51.2	75.0	69.2

表二　各年级儿童（351 人）写生画成绩分析

<table>
<tr><td colspan="2">年级</td><td>培育院</td><td>幼稚园</td><td>一年级</td><td>二年级</td><td>三年级</td><td>四年级</td><td>五年级</td><td>六年级</td></tr>
<tr><td colspan="2">人数</td><td>22</td><td>36</td><td>33</td><td>51</td><td>54</td><td>49</td><td>53</td><td>53</td></tr>
<tr><td rowspan="10">结果百分比</td><td>象征的涂鸦</td><td>32.0</td><td></td><td></td><td></td><td></td><td></td><td></td><td></td></tr>
<tr><td>圆形及蝌蚪人</td><td>36.0</td><td>8.3</td><td></td><td></td><td></td><td rowspan="7">皆与模型符合</td><td></td><td rowspan="7">皆与模型符合</td></tr>
<tr><td>正面直立</td><td>32.0</td><td>91.7</td><td>63.6</td><td>27.0</td><td></td><td></td></tr>
<tr><td>侧面直立</td><td></td><td></td><td>9.1</td><td>8.0</td><td></td><td></td></tr>
<tr><td>有椅侧面立</td><td></td><td></td><td></td><td>2.0</td><td>2.0</td><td></td></tr>
<tr><td>立椅上</td><td></td><td></td><td></td><td>4.0</td><td></td><td></td></tr>
<tr><td>正面坐</td><td></td><td></td><td></td><td>12.0</td><td></td><td></td></tr>
<tr><td>侧面坐方向误</td><td></td><td></td><td></td><td></td><td>2.0</td><td></td></tr>
<tr><td>混合侧面坐</td><td></td><td></td><td>27.3</td><td>16.0</td><td>7.0</td><td></td><td></td><td></td></tr>
<tr><td>侧面坐如式</td><td></td><td></td><td></td><td>31.0</td><td>89.0</td><td></td><td>100.0</td><td></td></tr>
</table>

卡滋（Katz，D.）用画好的图形做样本给儿童看画，结果也是一样。图七十六的 a 与 c 是一个六龄女童的成绩。a 是看着实物画的，c 是看着样本 b 画的。(Stern，379—380)

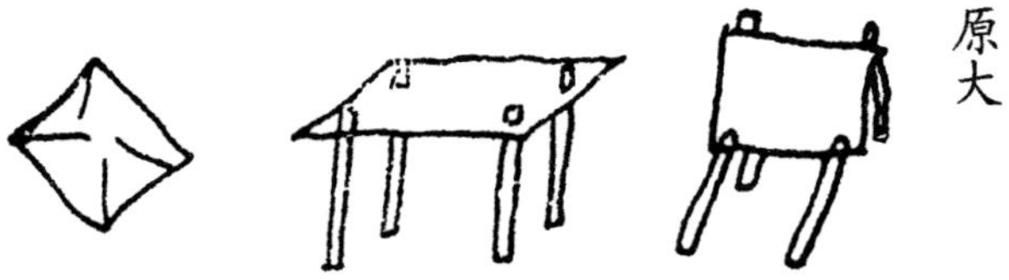

a　　　b　　　c

图七十六　Stern 引自 Katz

此外同类的试验尚多，都一律证明儿童成熟程度未到时，是不能模仿作画的。眼前的实物和样本，只是告诉他应当画个什么；动手画时并不去观察揣摩物样的实形，忠实模仿，仍旧是照自由画时的公式去画。终小学时期，模仿画的成绩并不在自由画之上。

（丑）定型画特点的分析

以上的事实可以代表儿童定型期绘画之一般情形。现在将此期特点分析如下：

（一）第一期触目的特色，是这种画法，显然不是仔细描摹事物实在形状的绘画，而只是用一些简单的线形——如点、圆、椭圆、直线、曲线等——来表示东西的纲要、概略、大体、规模或模型，只是一种近乎速写和设计图的图形，所以称为 schematic drawings。这种画又是不能顾到实物个别的差异和情形观点的变化，而是一些呆板的、固定的、拘执一定格式的模型或公式，所以又称为 formalized drawings。我们斟酌译称为“定型画”。

（二）其次可以注意的，是所画的东西的部分，残缺不全，而且去取极为主观。例如人有腿而无躯干手臂；五官只有眼口而无耳鼻；衣服、帽子甚至于钮子都有了，而颈、耳、头发倒没有。这些显然的遗漏如果成人替他指出来，儿童大都能够了解；但自己在画的时候却洋洋然毫不为意，而且一次指出之后，下次再画时又是一样。

（三）和遗漏重要的部分似乎相反的毛病，是将一些看不见的东西都画了进去，如帽子底下的头顶、口袋中的小刀玩物、骑马人的双腿、地下的树根和房屋中的人物家具等，正如隔着的东西都是透明的一般。

（四）一种奇特的错误是将一样东西的部分移在另一样东西之上，例如画四足兽时，面目却像个人。又如画人的足像手的样子。

（五）比例的不符实状，也是显而易见的。人的头总是庞大无伦，臂常太长，躯干则太小，五官也总是太大，塞满了面孔。颈子忘记了不说，一画出时常常长得可怕。他如人比房子高、马比人小等等，不胜枚举。

（六）东西的数目，是不十分准确或合理的。手的指头不一定是五根，兽类的脚也不一定是四条。有时一动手画了几次重复的笔画之后，会机械地继续画下去，结果指头可以多如猬刺，屋子前面的窗子，一直排到屋子外面去。这种现象，叫作 automatism，意思是机械化了的自动。

（七）空间关系，最难控御。先说画中各部分的配置。最低级的办法是将一件事物分散罗列，如鲁玛研究的女孩子，五岁时将一个屋顶、四个窗户和一个门，完全相互分开地散在纸上，自说她画了一间房子了（Eng，133）。这只是把房子的各部分“胪举”而已，还说不上组织。鲁开所观察的儿童西蒙，画人面时有时会把鼻子画在嘴底下，有时把鼻子放在头发和眼睛之间（Eng，135）。这种错误，我们自己不常看见。但一般儿童画人，在躯干未出现之先，两臂总是接在头上或腿上；便是躯干已出现之后，两臂也不一定接在对的地方，这是极普遍的。

鲁玛分儿童空间配置的进化为五步，兹不具述。

（八）空间关系上的另一问题是朝向，初期的人正立的固然最多，但横着、斜着或倒立的亦很常见。有些儿童，在纸上倒画、横画、斜画，似乎并不觉得有什么不自然。儿童写字时同类的朝向上错误也很常见。例如作者的女儿把“反”字写作“又”，“了”字写作“丁”。有些儿童很系统地倒写，写出的字像镜中的影像一般。这种现象，学名叫作“镜像颠倒”（mirror reversal）。近年很有人研究。原因很不易断定。

（九）上面所说的例子，是将所画的东西，整个翻转，各部分相互的关系总算是对的。比这个更常见的特色是一图之中，各种朝向混淆起来，如正面侧面混合的人和看见三面的房子，最妙的例是西蒙七岁七个月时画的一辆马车（图七十七）。这幅画自成人看起来，车子是翻转了九十度，车中的人，仰卧在车中，轮的朝向和车身又不相符合。图七十八也表现同样的特色。这一种空间上的困难，在儿童画中最为普遍。

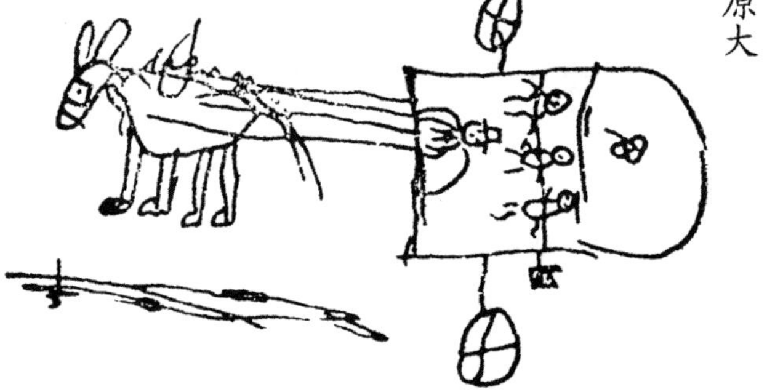

图七十七　Eng 引自 Lugues

图七十八　男，13；6，六

（十）和上述朝向混淆有密切连带关系的是儿童作画时毫不顾念观点的问题。到底画者对着所画的东西在空间上关系如何，是从那一方面看过去的，这个问题，儿童很不理会。如上述侧面人写生实验，明明眼看的是侧面，但儿童画出来的仍是正面人。穿过苹果的帽针虽然是从前面通到后面的，但儿童画的还是左右横穿。他如画杯口作正圆形，画桌面作正方形或长方形，竟如从天花板上往下看一般。朝向的混合，可以说是由于观点不一贯而起。

（十一）再一种连带的空间错误是远近配景的不合。东西远的小而近的大，这是画家基本的义法，但儿童却很不遵守。火车的轨道是平行的；桌面近的一边和远的一边一般长；人的高矮，没有距离的差别。

上面自（七）至（十一）各项特点，都是关于空间的关系。客申斯泰纳亦以适当的布局和远近配景为儿童画最高造就，是定型期终止的标志。

（十二）最后一种特色，是幼童不能作模仿画或写生。虽然把实物或样本放在他面前，但画的时候仍旧是照自由画的方式去画，而成绩也不比自由画好。

（寅）定型画之心理的解释

定型画的主要特点，上文已具梗概。现在我们要问，这些事实，有什么意义呢？应当如何解释呢？儿童所以画出这种古怪的作品，其心理上原因是怎样呢？

这个问题，历来学者有不少的讨论。我们考虑这个问题时，不免得到一个感想，就是儿童绘画心理之所以不容易说明，困难不在乎这个问题的自身，而是因为心理学上有许多根本的问题尚没有满意的解决。心理学对于观察、记忆、意象、概念等作用的一般性质原理，并未有完善的学说；对于成人美术画的心理历程，也没有靠得住的分析，所以要解释儿童定型画的特点，没有稳固的基础可以凭借。

（一）“能力缺憾”的说法

历来心理学说徘徊于“机能”学说（faculty psychology）和“联想”学说（associationism）之间，不能自拔，许多关于儿童绘画的理论，也不能脱其窠臼。摩以曼（Meumann，E.）说绘画的行为靠着三个因子：（一）视觉的活动，使我们领略方向距离等；（二）手眼的活动，动作协调的准确；（三）统觉的意念，包含很多理智的成分。绘画的时候，需要（一）手和眼运动的联络；（二）视觉记忆和手的运动的联络；（三）这些成分和统觉因子的联络。儿童绘画所以不好，是因为（一）分析的观察缺乏；（二）视觉意像缺憾或太暂时易消灭；（三）手眼协调缺憾；（四）绘画进行时，不完美的成绩反妨碍记忆中的意像；（五）缺乏有关系的绘画型；（六）缺乏了解和表绘立方空间的能力，又不能避免稚气的思想，以为凡存在的都应该表示出来；（七）用手的技艺缺憾（Goodenough，1931，486）。这样的说明，将绘画时观察、统觉、动作三方面分开，分别称之为某某“能力”，然后用“联络”和“调协”的概念把他们连串起来。关于儿童的绘画，则归过于各种“能力”或“联络”之“缺乏”“缺憾”：很可以代表一些屡蹶屡起、任扑不灭的老心理学说的观点。这样的说法，在一般人耳中听去，似乎很像一种心理的说明，而事实上极无意义。这些关系整个心理学学说的问题，我们现在不能详细讨论。只要指出两点：第一，如果我们把某某行为归功于某某能力，可以当作说明，那么饭吃得多是“吃饭能力”大，工做得少是“工作能力”小，字写得好是“写字能力”高，思想错误是“思想能力”缺憾，顺顺利利地，一切行为的问题都解决完了，还有什么研究的必要？第二，摩以曼式的说明，专用“缺乏”“缺憾”等消极的概念来解释儿童的图画。假使我们专从“好”“坏”“优”“劣”的方面，拿儿童的成绩和成人相比，那自然只觉得成人优而儿童劣，那么“能力缺乏”一句话，说尽了整个儿童的行为，还有什么研究之可言。数十年来儿童心理学研究数量之多和原理上贡献之少，一样地惊人，这种错误的观点是其最大理由，作者在另文中曾经论及（黄翼，1935，6—7）。从上文的分析，我们知道儿童的定型画，事实上有种种积极方面的特点。我们的任务，不在乎用成人中心的眼光主观地去评估它，说它“不好”“缺憾”而已，而在乎客观地去研究解释它本身这些积极的属性的所以然。

（二）演化的公例

萨烈（J. Sully，1895，382 ff.）论儿童绘画，以为进展的历程和生物形体的演化极为相似，显然是由含糊、不确定的（vague，indefinite）进而为清楚确定的，是逐渐“专化”（specialization）和“分化”（differentiation）。各种东西的演化是这样，一种东西的各部分的演化也是这样。起先人兽不分，各种人各种兽更不分；后来才渐渐分别，渐各有其特殊的属性。一个人起先只是个笼统混沌的大体，没有详细的部分，后来各器官才一一分化出现。起初各器官一律无大区别，都是些圆形、椭圆形和直线；后来才分化专化而成互相不同的、各自独有的形态。

这个解释，自然使我们想起斯宾塞尔有名的演化公律。他说：（H. Spencer，1880，473）

> “Evolution is a change from an indefinite，incoherent homogeneity，to a definite，coherent heterogeneity，through continuous differentiation and integrations.”

这是发展心理学理论上最基本的问题（黄翼，1934，129 f.）。新近完形心理学者对于心理进化的见解，也和萨烈、斯宾塞尔相近。

（三）历来公认的原则及其修改

“儿童知道一个人有两只腿，所以就画两只腿，不管他那时的姿势刚巧是怎样，是否两只腿都看得见”，这是利齐（Ricci，1887）著作中一句最中肯的话（K. Bühler，1930，266）。“儿童画他所知道的，不是画他所看见的”，这条原则，后来讨论儿童图画的文字，莫不奉为圭臬。这句话细按起来，实在包含着些最重要而难解决的问题，尚大有研究、注释或修改的余地，我们将于下文详加讨论。但在这里我们却先要阐发这条原则丰富的涵义，并充分地承认其价值。

就一般而论，许多儿童图画的特色的确可以从这条原则，得到满意的或一部分的说明。儿童因为照他心里所已经知道的作画，不是照他当时眼里所看见的作画，所以不能模仿和写生，不顾画者的观点，和东西当时的实状，不注意远近、配景，甚至于不管事实上看得见看不见，把隔蔽着的东西也画进去，他心里知道杯口是圆的，就画他圆的；知道人有两腿，就画两腿；知道树底下有根在土中，就画几条根；知道桌子的对边是平行的，就画他平行。

但我们略一想想，便可看出这句话有一个大毛病，便是对于儿童的智识太不公道了。儿童所知道的显然比他所画的高明得多。一个七八岁的儿童很知道人有两个耳朵，然而作画时却每每忘记画上耳朵。这条原则显然需要修改。

第一步的修改，可以说儿童既不是画他所看见的，也不是完全画他所知道的，却是画他当时所记得或想到的。在他所知道的范围之中，想到什么，便画什么，忘记了或没有想起的，虽然追问起来是知道的，也就遗漏了。这个修改似乎很是一个进步，说明遗漏一层，比较地完满，然而尚有许多其他特点，仍不能解释。

再进一步，我们可以说儿童是根据他的“概念”作画的。我们对于一件东西的概念——我们心中以为它是什么样的一个东西——当然和我们对于他的智识记忆，有分不开的关系。不过一注重在概念方面，有许多现象，又可以得到说明。概念的第一种特点，是它的普遍性和固定性。一样东西的形貌，虽然随着看见时的情形观点而时时变更，但我们对于它的概念是比较地不变的。儿童定型画的一种基本特点，是拘执着一个呆板不变的公式，不知道随机变化。这种特点的原因，至少一部分是由于概念的固定性。

在我们的概念中每件东西都有一些主要的属性或特点，是它的特殊标志。例如人是直立，圆头，两手，两足，一口，两眼；狗是横着，四足，有尾巴；方桌是上面一个四方桌面，下面四只脚；等等。一件东西虽有无数属性部分，且有种种可能的类别位置，然而必要的、显著的属性是有限的。因此儿童的绘画，并不仔细描摹一切看得见的细节，只将一些重要部分表示出来，成功一个仅仅粗具纲领格式的速写图。概念既是靠着个人自己的经验思想的，所以儿童图画中各部分的去取详略，也极为主观。

概念笼统含糊时，所画的也笼统含糊，例如儿童最初画的人，是个不分男女老幼，普遍的“人”；最初画的兽，是个不分猫狗牛马的“兽”。树木花草，也没有种类的区别。再如画人的指头、兽的足时，数目常常不符，似乎是随意画几条，不拘定刚刚多少。这是因为画时只笼统地觉得有“好几根”，而没有准确的数量概念之故。这种意识，我们成人也常常有之，譬如瓶中枝头的花有几朵，手中一把瓜子有几粒，我们寻常总不大讲究，只是空泛地觉得有“一些”或“许多”而已。

概念的形成，与语言有莫大的关系。我们的概念，总有一个名字来代表它，而且可以用语言来下“界说”或“定义”。儿童的图画，既是概念的表现，其性质功用和语言极为相同。因此鲁玛称之为“图语”（graphic language）。儿童的图画，很像是从语言直接翻译过来的。例如神仙故事描写一个怪人说“那个矮子有一个很大的头，两条短腿，一双雪白的手，一个像烧红的煤块一般的鼻子”。如果根据这几句话画成一个图，便活是一个定型期派的作品了。“图语”的作用，既在乎达意，所以我国文字中的“指事”“会意”的原则，也常常可以看到，如用一笔直线，连着两个人的手，暗示握手的关系。语言的描写，是一句一句说的；图中的东西，也常常用胪举的方法，一件一件的画出，平行罗列，失却了大小比例和空间的布局组织。关于儿童绘画和概念的种种关系，卡尔·卑勒有极好的讨论（K. Bühler，1929，1930）。

“概念”“智识”在定型画中占这样重要的位置，所以斐尔福恩（Verworn，M.，1907）称之为“意型画”（ideoplastic drawing）以别于“实体型画”（physioplastic drawing）；鲁开称之为“理智的实在观”（intellectual realism）或“逻辑的实在观”（logical realism）以别于“视觉的实在观”（visual realism）。

如果这个解释是对的，那么儿童的绘画，和美术性质很不相同，而和他的智力思想，倒应该有很密切的关系。这个推论，已经得到证实：古纳夫所编的画人测验（Goodenough，F. L.，1926）和比奈—西蒙的智力测验，相关甚高。

（四）兴趣和反应上的价值

智识，记忆，概念，都是关于理智方面。但专从理智方面着想，决不能认识儿童绘画的全豹。一种重要的补充，是儿童的行为和兴趣。那些东西在儿童的生活中最有价值，最能引起他丰富的反应，这些东西便最有入画的机会。在百物之中，人和四足兽虽然最为难画，但偏偏为儿童所最爱画，便是因为儿童对于他们最注意，最有兴味之故。儿童画一样东西，内容残缺不全，远不如他所知道的那么完备，其中去取的一种标准，也是在乎各部分对于儿童的关系，或在儿童行为上的地位。头、面、手、足是最活动的反应器官，躯干是静止的，所以前者最常画出而后者易受忽略。在自己五官之中，耳朵僻处两旁，又不能运动，直接看不见、觉不到，所以画时不容易想起。儿童洗面时最容易忘记了耳朵和颈项，原因亦在乎此。他如帽子、纽扣、小刀，都是活动的材料，比起颈和头发，在行为上实较为重要。

这些例子又指示我们儿童对于人身各部分的注意，由于在别人身上看见的少，由于在自己身上觉得的多。可知反应是兴味价值的根源，“本受的”（proprioceptive）动觉比距离的、外受的（distant，exteroceptive）视觉较为基本。达楞额（Dallinger，K.，1928）以为儿童的图画和他的自我之觉有密切的关系，似乎很有道理。

（五）惰性或习惯

要说明儿童绘画之泥执定型，还有一条不可忽略的原则，便是惰性或习惯。儿童作画的技术，方在萌芽，一旦发现某种笔法可以代表某物，已是好不容易。下次如需另起炉灶，另画一种新样子，实在太无把握，太费气力了。最省事的办法，还是照前次的样子再做。多画几次之后，成了习惯，手续机械化了，更加墨守成规，不想改变。

（六）知觉之固定性

以上诸说，可以说是历来解释儿童绘画比较的最中肯的埋论。然而近年以来，实验心理学有重要的进展，产生了一些新的观点和见解。有一些原则，起源虽然和儿童的绘画风马牛不相及，却从侧面映射进来不少的光明，使我们对于上述的解释发生深一步的不满，觉得还有再加修正补充的必要。

上文说历来最受承认的公律，是说儿童作画，不是根据他所看见的而是根据他所知道、记得或概想的。这条公律，很显然地假定儿童所看见的不是像他所画的样子，而是合于远近法的。换言之，儿童画两个距离不相等的人时，虽然大小画得一样，然而他所看见的是远的小而近的大；画方桌面时，虽然所画的是个正方形，然而所看见的是个不规则四边形。这个假定，听起来似乎很不成问题，特别在学过物理学和心理学的人听起来，更觉不成问题。因为，第一层，物理学很确凿地证实，自物体反映到我们眼里的光线的分布是依着远近法的；物体投射在我们眼球网膜上的影像的大小，和物体与眼睛的距离成反比例，正和照相机摄收进去映在药片上的影像一般。第二层，历来的心理学告诉我们，我们所看见的，是靠着眼球网膜当时受刺激的影像而定；既然网膜感映的影像是依着远近法的，那么我们所看见的当然也是依着远近法。这个说法，不但是传统心理学的基础，而且也是物理学所接受的。物理学书直说“物体之相似的大小”和物距眼之远度成反比例（萨，1933，Ⅱ，390）。

至于我们所“知道”“记得”或“概想”的便不同了，心理学说我们的智识、记忆、概念，是我们根据过去多次看见的印象，加以“联想”“推论”“抽象”“类化”等等“高级心理作用”，间接构成。这些经验和思想，使我们知道东西实在的、恒有的形状，不受任何一次直接看见时的地位观点所限制。所以我们看见的电灯柱子是越远越短的，但心中知道它们是一般长的；看见的瓶口是椭圆的，但知道它是圆的；看见的墙角是锐角或钝角的，但知道它们是直角的。

依据这样的说法，历来研究儿童图画的人，对于“儿童画他所知道的，不是画他所看见的”这条公律，认为满意。说得更准确一点，这条公律中所谓“知道”和“看见”的涵义，是根据上面的解释的。

这样的解释，是传统心理学说中一个主要的部分，好比一条铁链上的一圜，一副机器中的一个齿轮，和其他部分有连锁不能分开的关系。我们一谈到这个问题，势难免牵一发而动全身，涉及整个心理系统的问题。但在这篇短文中我们显然不能不尽量缩小讨论的范围，只就和儿童画图最有关系的部分略为研究。如果读者觉得语焉不详，或理论不完密，那只好另行参考专书了（Koffka，K.，1935，ch. Ⅲ & Ⅵ）。

第一件我们先要指出这个说法中所谓“看见”和一般人在日常生活中所谓看见大不相同。我们要请读者暂时忘记上面这些学理的讨论，暂时不管一切光学的公式、眼睛的构造，以及心理学中“感觉”“知觉”“概念”的定义，且回复平日最自然的态度，去看看周围的事物。我们先考虑物的大小的问题。叫一个人站在离你二粎的地方，再叫他走开到离你四粎和八粎的地方。请问你是否果真“看见”这个人的身材，先缩小了一半，后来又缩小到只有原来四分之一？再请你将桌角的一本书移近你的眼睛，使距离只有原来的一半。是否你果然“看见”这本书的大小增加了一倍？拿三个大小相同的东西，如乒乓球、积木之类，一个放在一粎，一个放在二粎，一个放在三粎之处，是否“看”起来第二个比第一个小一半？第三个比第二个又小一半，只有第一个的四分之一？如果你用寻常人日常生活中的自然态度去观察时，在这些实验之中，你看见东西的距离改变了，至于它们的大小，不但决没有像光学的定律所说的那么大的改变，而且几乎是不大改变的。假使“看见”是眼睛对着物体时直接得到的印象——如普通任何人所谓“看见”——那么，上述的学说显然和事实上经验很不符合。据我们日常所看见的，距离增加时物体的缩小，远不如物理定律所需求的那么厉害。换言之，距离改变时，物体是有保持其原来大小之趋向的。这种现象，称为“物体大小之固定性”（constancy of size），近年来方受到心理学家的注意和系统的研究。上面所举的只是一些普通的例子，现在再举作者和学生做过的一个小实验为例，使读者对于这种现象有更准确的、系统的观验：

用正立方形木头六块，每边10粉、12粉、14粉、16粉、18粉及20粉各一，在一个直长的运动场跑道上，将10粉的一块（下文称S）放在观察者的左方或右方距离10粎之处作为标准。然后取其余各块（下文称V）一一在被试者的前面前后移动，试看要放在什么地方然后看起来和S大小相等。

实验的手续，因为要控制各种错误起见，当然不如上面说的几句话那么简单。我们用的是所谓“限度法”（method of limits）。先取一个V放在看起来显然比S大许多的地方，从这里起向远处移动，到了看去开始和S大小相同的地界为止，量好距离。然后又继续将V向远方移动，到了开始比S较小的地界为止，又量好距离。这两个界点中间，才是V和S主观的大小相同时的正确距离。

不过这是V由近处远行的结果。第二步，是将V从距离很远，显然比S小许多的地方开始，步步向观察者移动，同样地寻定了开始和S相等的地点和开始比S大起来的地点。得到了V由远而近时主观大小和S相同的距离。

假使S和V在观察者的同一方向（前面），看时在同一视野之中，恐怕有相互影响（Koffka，91），所以我们将S放在观察者的旁边，一次在左，一次在右，各用远行法近行法一次。

将四种情形之下所得的价值平均，才算是V看起来和S大小相等时的正确距离，依此法将五个V一一做完。兹将三个观察者的单独结果及其平均表列图示如下（表三，曲线一）。

表三　各种大小木块所见大小与10村高标准木块相同时之距离

V高度（村）		12	14	16	18	20
所见大小与S相同时之距离（积）	观察者一	22.9	42.6	61.8	96.0	124.2
	观察者二	25.4	42.0	64.4	88.7	122.2
	观察者三	27.3	45.9	66.1	93.5	125.8
	三人平均	25.2	43.5	64.1	92.7	124.1
网膜影像与S相同时距离（积）		12	14	16	18	20

据表，12村高的木块，平均要在25.2积的距离，看起来才和10村高的在10积距离一样大小；14村高的，要在43.5积距离，余仿此。

但据物理学的定律，眼睛网膜上投射的像的高度，和木块的高度为正比而和眼睛木块间的距离为反比（萨，1933，Ⅱ，390—391）。如图七十九中o是眼睛的光心，PP'是木块，pp'是投射于网膜的像，那么，PP'在o所张割的“视角”（visual angle）a为$\angle PoP'=\angle pop'$。若用D代表木块和o的距离，d代表o和像的距离，H代表木块的高度，i代表像的高度，那么：

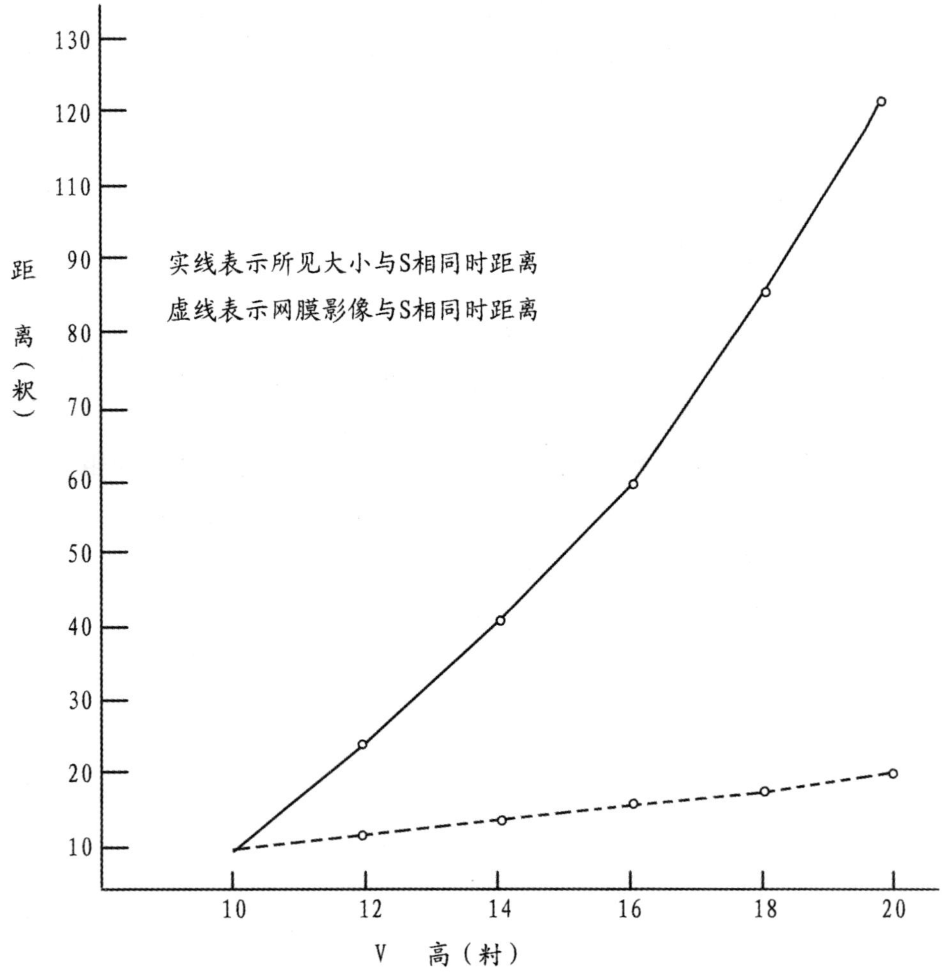

曲线一：表示大小之固定性

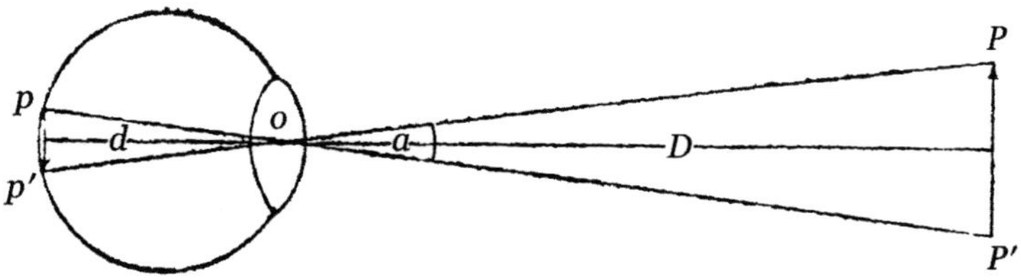

图七十九

视角 $a=\tan\angle PoP'=\frac{H}{D}=\tan\angle pop'=\frac{i}{d}$

眼球因适应而起的变化，极为微细，可以不论，所以 d 可以常做固定的价值。那么：

$\frac{i}{d}=\frac{H}{D}$可以改做 $i=\frac{H}{D}$，换言之

$$网膜上投射的像的高度=\frac{木块高度}{木块与眼的距离}$$

如果看见的大小是和投射的像一般靠着这条定律，那么 12 粎的 V 必须在 12 粎，14 粎的必须在 14 粎……然后看起来大小才可以和 10 粎的 S 在 10 粎一样（$\frac{10\ \text{cm}}{10\ \text{m}}=\frac{12\ \text{cm}}{12\ \text{m}}=\frac{14\ \text{cm}}{11\ \text{m}}$……）。然而事实上差得很多。换个说法，据实验的结果，16 粎高的 V 在 64.2 粎看起来和 S 大小相同。但据公式，16 粎的 V 在 64.2 粎远所投射的像只有 S 的四分之一弱（$\frac{16}{10}\times\frac{10}{64.2}\approx\frac{1}{4}$）。

历来的心理学说对于这种现象，如何说明呢？他们执定“感觉”和“知觉”的辨别。感官受到物理刺激时直接的效果，是给我们净素的感觉。感觉的材料经过了记忆、联想、推论、解释等等作用的炮制，才成为知觉。我们日常生活中所谓“看见”的，据传说的心理学说，并非纯粹的感觉而是复杂的知觉；换言之，平常人以为是亲眼看见的印象，其实已是知识推理的产品了。当一个人从二咪距离走开到四咪距离时，你眼球网膜上的影像，依着物理上的原则，缩小了一倍，所以你感觉中的人，也不能不缩小一半。然而你的智识告诉你那个人实是多少高，未尝改变。你的经验告诉你东西近时看起来大而远时看起来小，所以你自然而然地对于你的感觉打一个折扣；加以一种解释或修正，结果你觉得这个人的大小，无大改变。你自以为是直接得到的印象，其实已是这种间接的产品了。

如果你申辩说，当你睁开眼睛看一个人走开去时，所得有大小固定性的印象是很直接、很明确的；分明是当场看见的，并未尝根据过去获得的智识，加过一番推论、解释、矫正的手续；历来心理学的答复是：这种解释的历程是不自觉的，叫作“不自觉的推论”（unconscious inference）。这个名称，是鼎鼎大名的黑尔姆荷尔兹（Helmholtz）提出来的。

假使这个学说是对的，我们也要注意一点，便是照这个说法，我们

"知觉"中的东西是有固定性的，只是我们的"感觉"是依着远近法的。所谓"看见"的意义，当然较近乎知觉而不是指纯粹的感觉。知觉中的推论、解释，既是自然而然、不自觉的，那么，我们所知觉的和我们所"知道"的显然又不相同。所以，如果儿童画远的东西和近的一般大，我们不可以说他不是画他所"看见"的，只可以说他不是根据他的感觉作画，而是根据他的知觉。

然而"知觉""感觉"的区别，以及"不自觉的推论"这些理论近来有许多人认为根本不能成立。最重要的便是所谓"完形派"的实验心理学家。他们说，你所看见的东西分明是某种样子，传统的心理学却硬说你的感觉必是另一种样子；而你所看见的样子，是推论、解释的结果。实际的内省证明毫无这种推论的踪影时，他们却说那推理的历程是不自觉的。既是不自觉的，可知是观察所不能及，没有直接证据的了。那么我们凭什么相信它存在呢？传统的心理学所以必须这样说法，是因为否则无法说明看见的印象何以不依着网膜所受的物理刺激情形而改变。传统学说先假定视的感觉是完全依着网膜的影像而决定的。及至这个假定与事实的经验不符时，仍旧死执不放，于是只得添一个推理作用的假定来救济，使推理作用去改造感觉，让它变成实在看见的样子。推理作用的假定又与实际的观察不符时，犹自不肯放弃原来的假定，而硬用"不自觉的推论"来抵赖。"不自觉的推论"这句话，颇有一点滑稽，因为事实上等于说虽然自察起来分明没有，然而一定还要说它有才好。这种捉襟见肘的情形，最可以暴露传统心理学说的弱点了。

这种理论的分析至少可以指示一点，便是，所谓净素的视感觉全靠网膜的影像，而平常看见的是推论、智识的结果。这个说法，只是一种假定，一种不甚合理、不能证实的假定，并不是不成问题的真诠。

现在再从实验事实方面检讨这个假定的价值。在日常熟识的东西，如人、书、乒乓球等，我们对于它们曾经有过不少的经验，尚可以说原已"知道""记得"它们多少大，对于它们的大小，已有某种固定的概念。但在上述作者所做的实验中，这个理由，根本不能应用，因为那些木块，是为着做这个实验特别制备的。它们的大小，完全由实验者随意决定，被试者对于它们，毫无成见，毫无记忆概念之可言。

在实验的时候，被试者遵守主试者的吩咐，对于跑道上的木块，看见大就说大，看见小就说小，毫未估量距离之远近去矫正他的“感觉”。事实上要根据经验智识去矫正远处物件的类似的大小，是一件最不容易的事。读者试眺望窗外远处一件东西，故意考虑距离的远近，去矫正所见的大小，一定自己觉得很少把握，到底那一株树的距离，约有几粎呢？几粎外的一株树的大小，应该矫正多少，才适当呢？这种问题，除非因为特殊职业的关系，训练有素，是很难答复的。假如勉强猜测起来，结果一定是很不一律又很不准确，然而我们看看我们的实验以及前人许多同类的实验的结果，可以知道大小固定性的现象，是很一致而很有规律的。如上述三个被试者的结果，相对的说，差异甚少。

固定性和距离的关系，又是很有系统，可以用数量来量，用曲线来表示的。大概在身体附近十数咪的范围，大小固定性最大，距离改变时大小的改变是极有限的。在这范围之外，固定性较弱，但总没有像物理定律所需求的那么厉害。反之，假使固定性是推论矫正的结果，绝对的固定性没有什么不可能。换言之，推论的结果可以使距离变时，大小完全不变。有时且可以矫枉过正。但事实上固定性总是相对的，介乎绝对不变与物理定律之间。

大小固定性的强弱又是视各种情形而差异的。譬如在光线强的地方比较在光线弱的地方，大小固定性来得大。立方体的大小，较平面为固定。在眼睛平视的方向，大小固定性最强，越仰视则越弱。（所以月亮在地平时看起来最大，在天顶时最小）。这些关系也非推论矫正说所能证明。

最重要可注意的事实，是一些用幼童和低级动物做被试者的实验。哥兹（W. Gtöz）先训练三个月的小鸡专啄二粒粟中较大的一粒，然后将大的粟放得远，小的放得近，来试验它们。虽然投射在鸡眼中的影像，大粒因为距离远之故只有小粒的三十分之一，结果小鸡还是啄大的，三个月的小鸡，谅必没有人说它会根据过去的经验，寻出远小近大的原则，在受试验时运用不自觉的推论来矫正网膜影像所产生的净纯感觉的错误！苛勒（W. Köhler）同样的用人猿做被试，佛朗克夫人（H. Frank）用十一月的婴儿，都证明在他们看起来物体也是有固定性的。这些事实，证实大小固定性不是智识思想的产物，乃是最原始、简单、天真、自然的现象（Koffka，88—89）。

以上为便于了解起见，我们专门谈论物体大小之固定性。但固定性，并不限于物体大小一端。物体的形状也是有固定性的：一个方形桌面，投射在眼中的影像，虽然随着观者的地位而作各种各式的不规则四边形，然而我们所“看见”的是个比较地固定的四方形。一个铜圆，看起来总是圆的，虽然投射的影像，时时变幻，而且正圆时绝少。方向也是有固定性的：我们偏着头或躺下来看周围的事物时，眼中的一切印象已偏斜或倒转，然而我们看见直立的东西还是直立，横卧的还是横卧。我们移动眼、头和身体时，并不觉得东西的方向闪然改变，只觉得是我们自己移动了。此外尚有光暗的固定性、颜色的固定性等等。关于这些固定性，理论上的问题，都和大小的固定性一样。同样地有许多系统的实验研究，证明推论矫正之说为不可通；各种固定性都有它们自己的规律公例，可以准确地鉴定。

读者至此一定要问，我们既然否认推论矫正之说，那么这些固定性的所以然是怎么样呢？这个问题便是我们上文所说的牵动整个心理学说的大问题，不是这篇短文所能彻底答复的了。吾师考夫卡教授在他最近而最伟大的著作《完形心理学原理》（Koffka，K.，1935）一书中，对于这个问题有详尽的讨论，而且有一个很精辟的学说可以参考。在这里我们只消认清各种固定性并不是学习推想的结果，而是生物知觉时直接的反应，在我们幼稚时就是这样的。据儿童所“看见”的，瓶口是圆的，桌面是长方的，马路的两边是平行的，两个人一远一近，大小是差不多的。成人日常的经验，也是这样。后来我们开始回想了，开始将各种情形之下所得的经验比较、研究，运用心思去批评我们自然的、原始的印象，然后发现东西投射的影像，随着距离地点而改变其大小、形状和方向。有些特别聪明的科学家，发现了准确的物理公例，教给别人。大多数人是由教师或书本上第一次听到这种原理。许多人第一次听见这种原理时，会觉得很新奇有趣，大出意料之外。思想简陋的人或者竟将信将疑，不大了解。明白了这种原理的人，故意取一种特殊的、分析的、不自然的态度，去观察事物，然后可以看出投射的大小形状。便是已受这种教育，故意去观察时，常常还是不能充分得到符合投射原理的印象：譬如一个一角的小洋在一臂之遥，比天空的月亮还要大许多，这个事实，故意去看，也不容易看出来的。

儿童作画时是照他在自然态度之下所看见的画的，所以结果是具有上述的种种“错误”。画家经过学习研究，知道要画好了看起来和真的相像，必须投射的情形去画，不可照寻常的印象去画。所以观察事物时，要刻意打破儿童和平常人那种自然的看法，而取一种特别的、分析的看法。因为这种看法是反自然的，是一种专门的技术，所以需要长久的学习训练，然后能渐渐成功。教儿童画图的人都知道儿童放弃他天真的看法，而取这种分析投射情形的看法，是多么不容易的事。

照这样说法，“儿童画他所知道的，不是画他所看见的”这条原则，需要彻底的矫正。儿童作画，不是根据他的抽象智识，而是根据他在自然态度之下所直接看见的。画家作画才是根据他用特殊的看法所看见的；画家的看法，倒是需要学问智识和训练，方才可能。

（七）“最好完形律”

完形学说不但阐发知觉上种种固定性，使我们对于儿童所看见的是什么样子，得到新的见解，而且又提出一条极基本的公律，和儿童绘画之定型性，也大有关系。我们且从记忆图形的实验说起。一九一九年，浮尔夫（F. Wulf，1922）研究记忆的现象，发现我们记忆的遗迹，不是固定不变，只能随着时间渐渐淡退的，而是会依着某种原则，积极改变其本来面目的。后来又有几个研究者踵浮尔夫之后做些大同小异的实验，结果也相似。浮尔夫的方法，是将许多不规则不对称的图形，让被试者看过；过了三十秒钟、二十四小时、一星期和数星期后，叠次叫他们照所记得的把图形默画出来。结果所画的不但一次一次渐渐改变它们的形状，而且改变的历程是有一致的方向的。一种方向是越变越对称，完整而简单。如图八十的（a）是原来的样本；（z）是最后一次默画，经过了历次改变的结果。

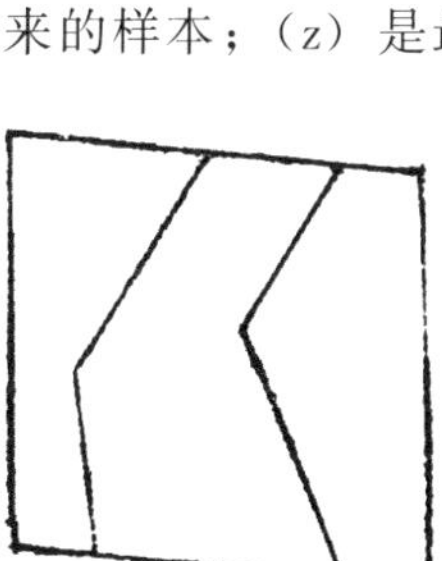

a

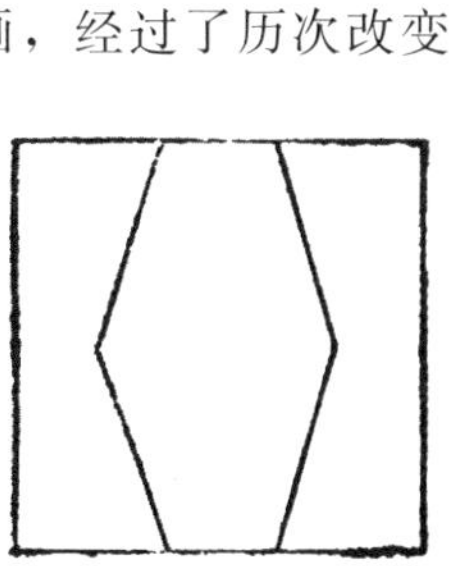

z

图八十

前浙大教育系同学吴志尧君和作者同做过一个实验，也表示同样的原则。吴君将一些简单的汉字，一一用闪烁片显示给许多尚未认识多少字的幼稚学生看，每字几十秒钟，然后藏过纸片叫他们默写出来。结果有许多有趣味的“错误”，例如：

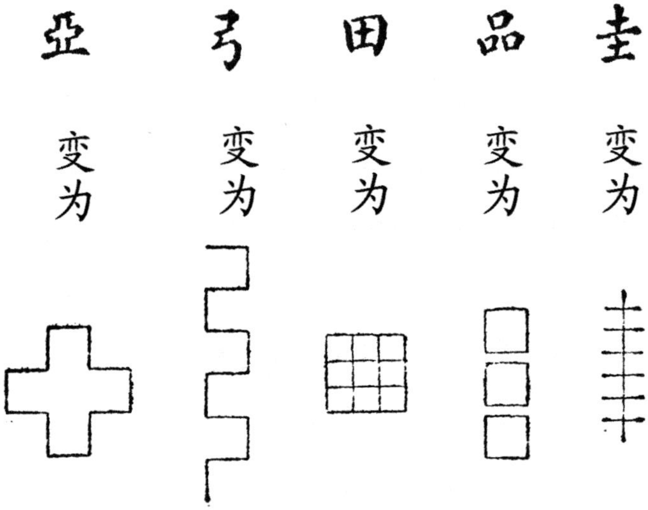

这种趋向，在我们经验的各方面都可以看到。我们日常所看见人造的东西，因为技术上的限制，准确的正圆、正方、直线、直角、平面等等规则的形状，事实上很少两个成对（如眼镜、烛台）或数个成套的东西（如交椅、柱子、窗子），也很少完全相同的。但只要相差不大厉害，我们总看见它们是端正规则或相同的。德国大哲歌德（Goethe）在许多年前就发现我们凝视一个方形之后，得到的“后像”（after image）曾逐渐丧失其锐角，变成圆的。这个现象，任何人都很容易自己试验：晚上可以用电灯做刺激物，清晨未起床时，可以用明亮的窗子做刺激物。在文辞上，形容人类时总说“圆顶方踵”，虽然人的头既不甚圆，而足更非方；说数目时常概举成数，如“十室之邑”“百病由口入”“诗三百”“万贯家财”等等。这许多例证，都表示我们经验的内容，有一种普遍的倾向，便是要变成较完整、平衡、简洁的完形。凡繁碎、纷乱、畸形、破缺的结构，是不稳固而容易改变的；完整、简单、均衡的结构，才是稳固耐久的。这个公例完形心理学称之为 Law of Prägnanz，我们勉强译为“最好完形律”。

从这条原则，我们可以了解儿童画的东西都有成功一种简单整齐，而又固定呆板的定型的趋向。特别是圆形和椭圆形，只要略可牵合，无不到处应用，因为这是最简单完整的形状。

浮尔夫所发现记忆变迁的原则，还有两项，值得我们注意。一是被试者观察时觉得一张圆形有某部分或某特点特别触目时，这个部分或特点，会越变越显著。这种趋向，常因语言的影响而益甚。譬如观察时觉得那张图是个“很狭的三角形”，以后这个三角形，便有越变越狭的倾向。儿童绘画中有时某种特点或部分受特别的注重夸大，原因常常在乎这里。再一条原则，是一种图形，可以受熟识的事物的形状的影响，渐变得和它更相像。例如看一张图时觉得它有一点像哑钮，后来就越变越像哑钮。儿童将兽面画成人面，足趾画成手指时，可以说是这种原则的表现。

以上所说过许多学说，似乎头绪纷繁，这当然一部分表示我们对于儿童图画的心理，了解的程度尚浅。但儿童图画是那么复杂的一种现象，影响它的因子，必定不止一端。多元的解释恐怕是终究不可避免的。

（丁）写实期

卡尔·卑勒（K. Bühler，1930，117—119）说有四种文化的产物，都是以定型画为出发点：（甲）文字，（乙）图案画，（丙）工程图样，（四）写实画。

（甲）文字起源于象形字，中西都是一样，后来笔画渐渐变简单，象形渐渐丧失，末了成为仅仅代表某种意义或声音的符号。我们汉字到现在还保留一些象形的遗意，可以看出演化的历程。欧美的切音字母，已是纯粹象征声音的了。起初的象形字和定型画是很相近的。

（乙）地图和工程师的机械画都是平面图。它们表示事物的“真形”，和照相之表示事物的“真形”，另是一种方法和观点。定型画在许多方面，比较近于这种图样。

（丙）纯粹美术的图案画，常是将事物的形状理想化，使成为简单、对称、机械的模型，然后重复连串起来，以为美饰。儿童的图画不但是呆板、简单的定型，而且常常重复。

（丁）最后一种，才是讲究远近法，原则和照相相像的写实画。

定型画是一般儿童绘图的特色；写实画却是少数儿童独有的造就。在定型期中，儿童放任自表的冲动，一味大胆创造、尝试，既不为技术的限制而踟蹰，也不因批评自己成绩而自馁。但这种黄金时代，不久便渐渐过去了。大约在十岁左右，（据古纳夫）儿童开始获得写实的眼光，对于自己的作品，看出种种不满意的地方，开始感觉到技术的问题了。此后的发展，有两种不同的趋势：一是有天才和有机会受良好训练的儿童，他们继续发展，进入于写实的、艺术的境界。他们学会用画家的眼光去观察事物，分析物体在各种观点之下光线投射的实状，正确地表现立体和远近。他们渐会注意画中各部分的相互关系，得到适当的布局结构。他们要笔下能表现真、美、生气以及种种特殊的意境、情致。但大多数儿童的历史，却另是一样。他们眼高手低，自己觉得所画的不好，但又不晓得应该怎么样才画得好。前期那种天真烂漫的自信，渐渐消失。一般的训练不足以弥补天才的缺失。在这种自觉、迟疑、抑制的态度之下，便渐渐自动放弃这种游戏了。叫他们作画时常常要愧谢不敏。于是技术也就不再进步。大多数的成人，一生的造就未尝超过较高级的定型期或是极初步的写实期。

个别差异和图画测验

最后的一段话，已说到个性差别的问题。我们知道人类的一切特点、能力，都有个性的差别。绘画和音乐、数学一般，个性的差别尤特别显著。天赋的成因，特别明显而不可否认。客申斯泰纳和基克（C. Kik，1909）研究过十几个富于绘画天才的儿童。他们的造诣，着实惊人。我们因为印刷手续的关系，不便翻印几张他们的成绩为例，读者可查 K. Bühler，1929，284—289 和 Stern，1930 书末 Plate Ⅵ。我们看看那些十岁、八岁，甚至只有四五岁的幼童的作品，俨然升堂入室的艺术，不禁为之张目咋舌。寻常的儿童，虽有最好的绘画训练，也远不能有这种本领。

这些有艺术天才的儿童的发展，曾否经过一个定型期呢？这是一个有趣而重要的问题。假使他们从始便会取写实的态度去描绘事物，那就可以表示定型期并不是心理发展上必经的阶级，而且又可以表示有艺术天才的儿童的发展和寻常儿童有根本上的不同。卡尔·卑勒承认现在的证据不足以解决这个问题之后，表示他自己的意见，以为那些稀有的天才是可以不经过定型期的。西蒙（E. Sceman，1934）、格累发（Graewe，1935）等人却以为发展的历程是大家一律的，只是有天才的快些。

基克分所研究的天才儿童为两类，一类是专会临摹的，一类是创造的艺术家，后者在学校的功课，成绩甚优，前者则较逊（Goodenough，1931，487）。

近年美国测验的发达，无孔不入。儿童绘画一端，当然不至于被忽略。绘画的测验，自形式或方法而论，可分为两种，一是比较的，一是分析的。比较的方法，是选取一些代表各种程度的样本，依优劣的次第排列作为量表；每级审定一个分数。用时将受测验的儿童的图画，和量表比较，断定其优劣和那一级的样本最相近，给予分数。这种方法，在测验方法中称为“优劣量表”（quality scale）以别于以速率或正确等为标准的量表。其应用于儿童画图，创始于桑代克（E. L. Thorndike，1913），以后续有他人改进。分析方法的测验最好的代表是古纳夫的画人测验（Goodenough，F. L.，1926）。古纳夫叫儿童画一个“人”，然后分析所画的种种特点，给予分数：例如有腿，一分；躯干的长过于横，一分；指头数目正确，一分，之类。古纳夫的方法，曾经萧孝嵘、沈有乾与张革（张革，1935）在中国试用。

自评判的标准而论，绘画实验亦可分为两类：一是从艺术的观点去评定优劣，一是只当儿童的图画为一种表达意思的工具，看它们表示现实正确与否。第一类都是用优劣量表的方法。而古纳夫的分析法则属于第二类。据测验的结果，在艺术方面，儿童绘画的能力和智力及学校功课成绩相关不高，大概在0.3—0.4之谱。自表象现实方面，和智力的相关是很高的。古纳夫的绘画测验，在同岁组中，和比奈-西门智力测验相关为0.76。格瑞尔（Gesell，1929，215—27）也发现幼儿的绘画行为是一般发育程度的一种好表征，在他的幼儿发展测验中，是重要项目之一。

低能儿童的绘画，自一般而言，和年龄较小的常态儿童相仿。但细按实有质的差别。鲁玛指出有几种毛病，在低能儿童的图画中，特别常见。一是大小比例和空间配置，不合情理，这是图中各部分的组织或相互关系上的弱点。一是机械的、无意义的重复，例如画人衣服上的钮子时，常常继续一个一个画下去，画到脚以下纸张的尽头，方才住手。低能儿童开始一个图画后，往往不能保持原来的目的贯彻到底，中途注意转移，改变了画题。机械的重复，也是因为不能保持原来的目标而起。

男女差异

男孩子画得好，还是女孩子画得好呢？关于这个问题各家研究的结果颇不一致，可知纵然有差别也是不甚显然的。古纳夫（1931，49）觉得在质的方面两性间很有差别。男童画的人比较地富于动作；手脚大，臂腿长，而头面小。女童画的人，四肢小、头面大，面上的细节较为完备。女童注重在细节而且不常忽略重要的部分，男童画的大小比例好些。这些分别假定是可靠的，似乎不专是能力的问题，而与两性兴趣的差别有很大的关系。

各种民族儿童的图画

上文叙述的事实，所根据的研究，欧美文化系统下的各国都有。发展的主要步骤，尤其是定型期的特点，并无国界种界之分。在欧美文化系统以外，我国儿童发展的历程也是一样，毫无疑义。巴塞（G. Paset，1932）搜集了六万张“非欧洲”儿童的图画。原文未得一读，不知内中包含那几个种族，但据所见提要，巴塞的结论是“各种族和文化”的儿童的图画，都是先“理智的写实”而后“视觉的写实”。现存低文化民族的幼童的图画，人类学者极少搜集研究。据古纳夫（1931，501—502）转载两张英属新几内亚（New Guinea）土著及卡拜尔民族（Kabyles）儿童的图画显然是定型画的模样。不过也有少许似乎相反的报告，如美特兰特（Maitland）对于爱斯基摩（Eskimos）儿童，加拉革（Gallagher）和马克得穆（Med-ermoff）对于印第安儿童（Eng，197－198），新近舒伯特（Schubert，1930）对于俄罗成（Orotchen）儿童，都说他们的图画活动有生气，是写实的，自然的。但这些研究中的儿童，年龄大多在十二岁以上

(Goodenough，1931，502—503，506)。以前的发展史完全不晓得，而且取样也不适当，或许是族中比较地有天才的儿童，也未可知，不足视为相反的证据。总之，现有的材料，颇指示儿童绘画演进之历程，在人类各种类中是一致的，这表示上述的阶级及其特点，是儿童心理发展上自有的层次，不是环境文化偶然的产品。

儿童图画与儿童心理的各方面

人格是整个的，一个人的行为的各方面，息息相通。儿童的图画和其他的行为当然有最密切的关系。我们一面要从儿童的一般心理去了解儿童的图画，一方面也要从儿童的图画去了解儿童的一般心理。这些关系，现在的心理学过于幼稚，还不能够给我们一个明白完备的剖示，但已有的事实，已能略示端倪。

(甲) 图画和理智

儿童绘画的能力和智力学业的关系，上文已屡曾论及。语言、智识、概念和知觉的关系，尤是我们详细讨论过的。现在再举一例，表示儿童图画对于儿童概念给我们的指示。儿童最初画的人，不分性别、年纪、职业、衣饰，只是个普遍的“人”；最初画的动物，横身四足，不分种类牝牡。他如花木禽鱼，也莫不如此。这很明白地表示我们，在儿童心理进化历程中，至少有一些普遍的概念是在特殊的概念之先。这一句话，和斯宾塞尔、萨烈以及现代的完形派心理学家的主张很相符合，而与历来心理学关于概念的学说刚刚相反。历来心理学，秉承联想学派的余绪，主张概念是由个别的进为普遍的，由这只狗，那只狗……得到“狗”的普遍概念，由“狗”“猫”“牛”“羊”等等得到更普遍的“兽”的概念，但我们赞同反对派的主张，以为由普遍、笼统、不固定分化而成个别、固定的，更是基本的进化的原则。譬如一个幼儿，看见母亲在厨房里忙碌，他只知道母亲在那儿“烹饪”，至于烹饪有炒、炖、蒸、炙、煎、焖、烤等等个别的花样，必须日后经验增加，方才能够辨别（分化）。又如母亲在“做衣裳”，这个普遍的概念发生也很早；至于做衣裳时有缝、挑、绗……种种手法，不独儿童不晓得，许多成年男子也不晓得清楚。卑勒也说“做”“东西”这些普遍概念，在儿童的思想和语言中发生极早，比各种特殊的动作、特殊的物件，还要原始些（1930，149 ff.）。

（乙）图画和兴趣

儿童图画和兴趣的关系，上文也曾提到。不但自由画时自择的材料，可以表现画者的兴趣，便是一个画中各部分的去取详略，也以兴趣为转移。美国马卡提（S. A. McCarty，1924）利用儿童的自由画研究男女兴趣的差别。结果男的兴趣在实用、机器和公民生活方面，女的兴趣在家庭、美术和个人方面。德国哈登斯泰因（E. Hartenstein，1934）也发现男孩子绘画的兴趣偏于事实、技术的问题，女的偏于佳节、传说、婴儿的题目。这些结论和用其他方法研究两性兴趣差别（如游戏、阅读兴趣、职业志愿等）结果极相符合，可知是可靠的。

（丙）绘画和性格

克勒赤（Krötsch，See Stern，336）相信一个儿童的毅力、自制、注意集中、易兴奋否等等性情，可以由绘画行为看出。有一些关于精神病成人的研究，很表示绘画行为和心理健康的关系。古纳夫（1926，62；1931，498—499）发现图画行为和常态儿童大不相同的儿童，心理健康测验的结果也不良好。近年来有些心理分析家利用绘画帮助分析儿童的“隐情”（complex）；譬如在游戏情况之下，叫儿童画他家庭里的人，往往可以窥见画者对于亲属的情感态度（Appel K. E.，1931）。

儿童绘画与原始民族绘画之比较

历来学者，多喜欢将邃古时代人种及现存低文化人种的绘画，和现代儿童的绘画，相互比较。儿童心理和民族心理都是以发展为主干概念，将双方事实互相参考，原是很正当的。不过做这种比较时，必须十分审慎。如果预存成见，穿凿附会起来，必陷于很大的谬误。

在事实方面我们只能略述梗概。原始人图画有许多地方和儿童的定型图相同的。例如部分的遗漏、呆板的定型、实物透明重复、观点混淆、不顾远近法、空间的表示不适当等等。这些特点，是自然、直率的心理作用的直接产品，和儿童定型图原理相同。但两者之间也有许多分别。老石器时代是渔猎生活，文化程度低浅，但法国、西班牙及北欧诸邦石穴内遗留下来的图画，十分生动逼真，是写实的艺术。新石器时代，生活进而为耕畜，一般文物均大有进步，但绘画却只有一些呆板无生气的装饰画，反不如老石器时代远甚（Mac Curdy，1924）。这个事实，和演化的假定似乎相反，所以成了历来学者研究争论的焦点。我们对于这些纷纭的议论，且不必去管它，只要注意一点，便是人群文化的变迁，不是只有向上的一条路线可走的。或进或退，或改变进展的方向，视种种复杂的条件而定。

应额举出许多证据（Eng，201 ff.），表示老石器时代的艺术家大概也曾经涂鸦期、定型期的历程，然后达于写实艺术的境地。个人的发展似乎也是顺着上述的规律。

现存的民族中，爱斯基摩、彪什门（Pushen）和一些印第安族，一般文化虽极低，但绘画有很高的造就，远非高文化民族中定型期的儿童所能及。上文已说新石器时代较老石器时代一般文化高了许多。这一层表示绘画是一种特殊的造就，和一般文化不一定并行的。

现代儿童最喜欢画的是人，而原始艺术家最喜欢画动物。有些"人"的图画，面孔身体还是兽的模样，和儿童画兽，面孔却像人，作有趣的对照。大概生活兴趣一不相同，熟习的题材也不相同：儿童最熟习的是人而原始人最熟习的是兽。将所熟习者的一部分，混入生疏者之中，这却是大家共同的趋向（Eng，209 ff.）。

总之，儿童绘画和原始民族的绘画，条件大不相同，难以直接比较。儿童各时期的发展，是一线相续的整个历程。人类学者收集的各种民族的绘画，却没有这种单纯的相互关系。我们所说的儿童，是一般的儿童；原始的画家是他们族中杰出的艺术家。儿童各方面发育未全，而且练习和周围文化的浸润比较地少；原始民族的图画却是成人画的，他们不但能力成熟，练习有素，而且感受民族文化的影响极深。就日常生活的背景而言，原始人和现代儿童又是大不相同的。因为有这许多根本的差别，所以两种历程在事实上必不能步步并行。其可以互相比较阐发之处，必只是在乎发展原则的粗枝大叶上而已。

教育上的结论

读者或者要问，上面这许多话，在儿童教育上有什么指示呢？

本来科学的任务，只在探究事物的真相：至于所得的结果有无实用，如何应用，是不过问的。不过我们个人对于儿童，都有教育的责任和兴趣，所以在研究一个儿童心理发展上的问题之后，不免要问研究所得的智识对于教育有什么贡献，这也是很自然很合理的。

儿童的绘画和他心理的各方面关系既然如此密切，我们相信这种活动对于他心智的发展必定有某种普遍深切的贡献，正不仅在绘画的技能和动作的控制而已。倘使因为他所画的成绩狼藉纵横，粗陋可笑，便认为那只是一种无意识的胡闹，岂非大错！儿童的绘画，是应该受我们尊重鼓励的。从小儿开始有涂鸦的兴味时，便应当供给适宜的工具和原料，让他得以充分发挥其天然的冲动。宽大的纸张和画家用的粗心浓黑的铅笔，在起初最为合用。稍为大一点的儿童，有鲜明颜色的蜡笔尤可以增加兴趣。水彩和画架，如果经济上负担得起，决不能算是奢侈的浪费。

有许多父母因为儿童喜欢在白墙上涂抹，禁之不听，大人受窘。这种冲动，非一味禁制所能解决，是在意料之中的。必须供给他自用的纸笔原料，使他的欲望有所宣泄，然后某种地方不可随意涂抹的命令，才能够发生效力。

写实期以前的成绩，自成人的眼光看起来，虽然没有多大艺术的价值，却是发展常态的阶级，无悲观的必要。假如成人期望的标准过高，容易犯了揠苗助长的毛病。我们知道大多数十几岁的儿童所以放弃绘画的游戏，原因在乎觉得自己画得不好。幼时那种不回想的创造的冲动，是很可宝贵的。假如太早向儿童提出技术的问题，对于他的作品，加以消极的矫正批评，容易使这种自觉、抑制的态度，发生过早，反而阻碍他的发展。

到了儿童渐渐获得写实的眼光，感觉到技术的问题，那便是需要专门训练的时候了。此时若再不给予相当的帮助，使他的技术和眼光可以并行进展，那种消极的态度就要实现了。

写生画与模仿画和幼童的心理是相凿枘的，在课程上应当放在自由画之后。小学的较低年级，应以自由画为主。题材之选择，不妨贡献意见，模型和范本是不大用得着的。

我们还要记得，虽然每个儿童都可以因为有良好的训练得着相当的进益，超越的成就是天才的问题，不能强求的。

参考书目

1. Apple, K. E., 1931, Drawings by Children as Aids to Personality Studies. Amer. J. Orthopsychiat., Ⅰ, 129—144.

2. Baldwin, J. M., 1903, Mental Development. New York, Macmillan.

3. Bender, L., 1932, Gestalt Principles in the Sidewalk Drawings and Games of Children. J. Gene. Psychol., XXXXI, 192—210.

4. Bühler, Ch., 1935, From Birth to Maturity. London, Kegan Paul.

5. Bühler, K., 1929, Die Geistige Entwicklung des Kindes Jena. G. Fischer.

6. Bühler, K., 1930, The Mental Development of the Child. New York, Harcourt, Brace: London, Kegan Paul.

7. Cooke, E., 1885, Art Teaching and Child Nature. London, J. Edne. Ⅶ, 460—465; Ⅷ, 12—15, See Goodenough, 1931.

8. Dallinger, K., 1928, Ueber den Zusammenhang Zwischen der Eutwicklung des Ichbewusstseins mit den Kindlichem Zeichnen. See Psychol. Abst., 1929, No. 1649.

9. Eng, H., 1931. The Psychology of Children's Drawings. trans. by H. S. Hotfield, London, Kegan Paul.

10. Gesell, A., 1929, Infancy and Human Growth. New York, Macmillan.

11. Goodenough, F. L., 1926, Measurement of Intelligence by Drawings. Yonkers-on-Hudson, New York, World Book Co.

12. Goodenough, F. L., 1931, Children's Drawings. Ch. 14 in A

Handbook of Child Psychology, Worcester, Mass., U. S. A., Clark Univ. Press, 1931.

13. Graewe, H., 1935, Das Tierzeichnen der Kinder. Z. padag. Psychol., 36, 251—256; 291—300. See Psychol. Abstracts, 1936.

14. Hartenstein, E., 1934, Aktuelle Kulturinhalte im Spiegle der Kinderzeichnung. Zsch. F. Jugendk., Ⅳ, 106 — 120. See Psychol. Abst., 1934, No. 6149.

15. Hurlock, E. B. & Thompson, J. L., 1934, Children's Drawings. Child Development, Ⅴ, 127—138.

16. Kerschensteiner, D. G., 1905. Die Eutwicklung der Zeichnerischen Begabung. Muenich, Gerber.

17. Koffka, K., 1935, Principles of Gestalt Psychology. London, Kegan Paul; New York, Harcourt, Brace.

18. Luquet, G. H., 1913, Les dessin d' un enfant; étude Psychologique. Paris, Alcan.

19. Luquet. G. H., 1927, Le dessin Enfantin. Paris, Alcan.

20. MacCurdy, G. G., 1924, Human Origins. 2 Vols., New York, Appleton.

21. McCarty, S. A., (Ed.), 1924, Children's Drawings: A Study of Interests and Abilities. Baltimore, Williams & Wilkins.

22. Partudge, L., 1902, Children's Drawings of Men and Women. Barnes' Studies in Education, Ⅱ, 163—179.

23. Paset, G., 1932, Some Drawings of Men Women Made by Children of Certain non-European Races. J. Rov. anthrop Inst., ⅩⅩⅩⅩⅩⅩⅡ, 127—144. See Psychol. Abst., 1934, No. 3336.

24. Ricci, C., 1887, L'Arte dei Bambini. Bologna. trans. by Maitland, Ped. Sem. 1894, Ⅲ, 302 ff.

25. Rice, C., 1930, Excellence of Production and Types of Movements in Drawing. Child Development, Ⅰ, 1—14.

26. Rouma, G., 1913, Le Language Graphique de L'enfant. Brussels, Misch & Thron.

27. Schubert, A., 1930, Drawings of Orotchen Children and Young People. J. Genet. Psychol., XXXVII, 232—244.

28. Seeman, E., 1934, Development of the Pictorial Aptitude in Children. Char. & Personality, II, 209—221. See Psychol. Abst., 1934, No. 3344.

29. Spencer, H., 1880, First Principles, 4th. ed.

30. Stern, Wm., 1930, Psychology of arly Childhood, up to the Sixth Year of Age. trans. by A. Barwell. London, Allen, pp. 365—380.

31. Sully, J., 1895, Studies in Childhood. London, Longmans, Green.

32. Thorndike, E. L., 1913, The Measurement of Achievement in Drawing. Teach. Coll. Rec, XIV, 345—382.

33. Wulf, F., 1922, Ueber die Veranderung von Vorstellungen (Gedachtnis und Gestalt). Psychol. Forsch., I, 333—389.

34. 陈鹤琴，1936，《一个儿童的人形画发展》，《儿童教育》，七卷六、七期合刊，2—11。

35. 崔载阳，1929，《勒基的儿童画论》，见赵我青，《儿童自由画研究》，民智，13—27。

36. 萧孝嵘，1935，《修订画人测验之经过》，《中华教育界》，廿三卷六号，59—68。

37. 黄翼，1934，《近代儿童心理学之性质与问题》，《教育杂志》，廿四卷一期，123—130。

38. 黄翼，1935，《儿童心理学之过去与现在》，《中华教育界》，廿三卷一号，1—9。

39. 萨本栋，1933，《普通物理学》，商务。

40. 沈有乾，1935，《古纳夫画人测验说明》，《浙江教育》，一卷一号，195—226。

41. 沈有乾，张革，1935，《画人测验在中国应用之问题》，《中华教育界》，廿三卷九号，29—34。

儿童心理学

编著旨趣

此书编著时有四种希望：

（一）要能够代表现在科学的儿童心理学的概要；

（二）要能够帮助读者了解真正的儿童，在教育上有实用；

（三）要浅近易懂，适合中学程度而未习过其他心理学的读者的能力；

（四）要适合部颁幼稚师范课程标准，可作教本之用。

但这几个目标，有许多地方互相冲突，不能兼全，此处不必细论。结果斟酌虽费苦心，目的殊愧未达。

儿童心理学，目的止于了解儿童的行为及其发展的原则，是一种“科学”（俗称“纯粹科学”）；儿童教育和儿童训导，目的在研究培育儿童最好的方法，是“技术学”（俗称“应用科学”）。两者关系虽深，性质迥不相同。本书因为求合实用，所以不拘于“正名”：不但最后有一章《儿童训导问题举隅》，而且随处插入教育的按语。

广义的儿童心理学，应该包含自受胎至成年的全程发展。但本书最详及的是六七岁以前的“前儿童期”，小学时期也相当注意，青年期则从略。

作者以为学问的归宿，不在繁琐的事实和数码，而在这些材料的意义原则。本书是为初学而作，程度和篇幅，都受严格的限制。所以实验统计的原来材料，节减至最低限度，注重在原理的解释。

初学用书，应当避免艰深的理论和学说的纷争。但凡属系统的编述，总不能漫无观点。作者认为最合事实的发展学说，具详第四章中。至一般心理学的观点，最近于“完形学说”（gestalt theory）。用这本书的人，假如素习的是一些“感觉”“联念”“反射弧”“交替反射”的概念，觉得和本书所说的格格不入，应当认清这是观点上根本的区别，不可勉强牵合。

本书比较部订的课程标准，范围虽已扩充不少，但还有许多重要的题目，因限于篇幅，未遑分章论述，如思想、概念、宇宙观、绘画、爱得提觉像（eidetic imagery）、艺术活动等等。

书中译名，根据商务出版的《标准汉译外国人名地名表》。表中所无的，尽量照该表的原则自译。

现在中文著译的普通儿童心理学书，较有价值的，尽所知胪举列举，置在卷首。每章末了的“补充读物”，凡属已开各书的章篇，除以特别原因，概不再分开列举。本书编著时适逢国难，大学播迁，中文书报，缺失散乱，读物胪举不全，去取不当；书名章页，阙略舛误，在所不免，殊有遗憾。

书稿承朱宝璠先生代为校对，并此申谢。

中华民国廿八年国庆日脱稿于广西宜山蓝靛村。

第一章　儿童心理学的性质和价值

第一节　儿童心理学的性质

要明了儿童心理学是什么，有三种方法。最彻底的是读完像这样的一本书。再一种方法很简便，立刻应该实行的，便是翻开这本书的目次，读一读各章的题目：这样也可以对于儿童心理学的领域，先得一个粗略的概念。第三种方法是研究儿童心理学的定义。

定义　儿童心理学是研究个人行为的发展历程的科学。这条定义包含四个重要的意思，应当分别说明。

（壹）行为　第一步我们要问：心理学是研究什么的？如果要用一句话来笼括事实上现在一般心理学家所研究的一切对象，最好是说“行为”（behavior）——人和其他动物的行为。凡动物为满足自己的需要和应付环境的变化而发生的活动，都是行为。例如吃、睡、打球、读书、编故事、买东西、考虑职业、赏月、做梦、生气、想家、希望中彩票、听见狗吠，都是人的行为。其他动物，有许多行为和人差不多，如吃、睡、求偶、争斗。再有许多是人所没有的，如鸟飞、蜂采蜜、猫捕鼠、蛙冬眠。心理学的任务，是要观察各种各色的行为，发现它们的性质规律，说明它们的因果。

行为的涵义很宽广，不一定是表现在外面，让别人看得见的动作，才算做行为。譬如考虑职业问题的时候，虽然或者不免有些附带的外表动作，但主要的却是自己心里思想。编故事时的想象，想念家庭的情绪，希望中奖券的欲望，都不是外表的动作；但也是我们满足自己需要、适应外界环境的活动，也是行为。再譬如牙齿痛和听见狗吠，虽然只是一些知觉，并不是我们自己在“做”什么，然而也是我们感官受了刺激，神经系发生某种活动，是行为的初步，是引起和支配我们的动作的因子，和外表行为分割不开，所以应该算是完全的行为的一部分。这类的行为，实是我们身体内部（特别是神经系）的活动，历来语言的习惯，称它们为“内心”或“心理”的作用。以前的人以为心理学是专门研究这些作用的，所以这种学问，叫作“心理学”；这类活动，叫作“意识现象”（conscious phenomena）或“心理活动”（mental activities）。现在的心理学领域扩充了，以行为的全体为研究的对象。但这些内部的活动，仍旧在研究范围之中，而且到底占很重要的位置。我们在本书中，或说“行为”，或说“心理”，意义相同，都是指心理学所研究的一切活动。

（贰）发展的历程 心理学既是研究行为的，那么儿童心理学好像可以简单地说是研究儿童行为的科学。不过这样说法，有一个地方不妥切。儿童时代，包含着好几年的时间；这时的行为，最显著的特点，是随着年龄而改变，没有一种行为，可以称为整个儿童时代的行为。换言之，儿童的行为是在发展之中的。近代的儿童心理学正是以这个发展的历程为其研究的主要对象。儿童心理学家观察儿童发展的实况，寻求其原则与条件，事实上是用历史的看法来研究人的行为，可以称为一种心理发展史。

（叁）个人 不过用发展的观念为中心，可以称为心理发展史的，不仅儿童心理一科。动物心理学，比较各种动物的行为，自最低的“阿米巴”至最高的人类，也是用演化的概念为线索的。还有民族心理学，研究各种文化程度不同的民族的心理，追踪其演变途径，也是一种心理发展史。但动物心理学和民族心理学，都是研究整个种类或民族的进化的。儿童心理学和它们不同之处，在乎以个人的发展为对象。所以定义中标明“个人”的心理发展历程。

“儿童”这两个字，平常的意义，是指比“婴儿”大，比“青年”小的小孩子。不过如果只截取这一段，单独研究，不但事实上不方便，理论上也说不通。要研究个人发展历程，当然要从发展最初的起点开始，到最后的终点为止，才是首尾俱备的历史。个人发展的起点，是在父精母卵结合成胎的时候。发展的终点，不容易确定。但成人的心理，既然另属普通心理学的范围，儿童心理学研究的终点，可以断在完全成人的时候。换言之，胚胎期和青年期，都在广义的儿童心理学的范围。

但本书讨论得最详细的是六七岁以前的几年，小学儿童的发展也相当地注意，青年心理则从略。

（肆）科学 科学的性质有三个要点：（甲）是以求知为目的，用客观的态度去研究一类现象，专求明了它的真相；（乙）是研究时要靠实地的观察来得到基本的事实，要用严格的科学方法使所得的结果靠得住；（丙）是所得的知识要有系统，要能够用一些原则或公律来概括。儿童心理学应用科学方法，实地观察儿童行为发展的现象，寻求客观可靠的事实和原理，是一种科学。

第二节 儿童心理学的价值

为什么我们要学儿童心理学呢？从上面的讨论，我们已经可以得到三种答案。

（壹）因为儿童发展的历程是很有趣味的现象。一个人生命开始的时候，只是一个眼看不见的细胞。十月怀胎之后，居然成了一个小儿了。呱呱坠地的时候，浑浑噩噩，无识无知，软弱无能，比一切初生的动物都不如。但两三年之后，会直立，会跑会跳，会说话思想，会辨别是非善恶美丑，居然是“万物之灵”了。以后的发展，同样地日新月异。这是宇宙万变中最神奇的一幕，是足以引起我们的兴味，值得我们研究的。

（贰）因为儿童心理学可以帮助我们了解成人的心理。大凡研究一种现象，只看它的现状是不彻底的。必须根究其所以如此的历史，领会才能深切。行为也不是例外。我们如果要明白我们自己和他人的行为，便应当研究儿童心理学。

（叁）因为儿童心理学是儿童教育的基础。教育是应该适合儿童的心理的情形和发展的原则的，近代教育的新精神，重要就在这一点。旧式教育家，以为人应该学圣贤，就一味要儿童学做圣贤；以为某种学问知识是好的，就一味要将这些学问知识灌进儿童的心里去。至于儿童当时的需要如何、兴味如何、能力如何，是不过问的。结果不仅是教育的效率太低，且足以阻塞儿童的天机，摧残他的幸福，养成不健全的性格。近代的教育家以为教育必须以受教者的心思、兴趣、能力为出发点，然后能适合他的需要；必须顺应发展的自然趋势，然后能够助益发展的进行，使达于尽善之境。要能够达到这种目标，第一步先要研究儿童的心理发展。

【温习和讨论题目】

1. 普通心理学研究什么？什么是“行为”？什么是“意识现象”？为什么意识现象是行为的一部分？

2. 儿童心理学研究什么？儿童心理学和动物心理学、民族心理学有什么关系？为什么广义儿童心理学要包括胚胎期和青年期？儿童心理学对于普通心理学有什么贡献？

3. 科学的特点何在？为什么儿童心理学是一种科学？儿童心理学和儿童教育区别何在？关系何在？

【补充读物】

1. 谢循初译，Woodworth 著：《心理学》，中华书局，第一章。

2. 黄翼：《近代儿童心理学的性质与问题》，《教育杂志》，民国廿三年廿四卷一期，一二三至一三〇页。

第二章　儿童心理学的历史

儿童心理学这种学问，在历史上如何发生？如何发达到今天的地步？那些研究的人用什么方法得到那些知识呢？这些虽然比较地是专门的问题，但初学的人，也应该有一点简要的常识。

科学的儿童心理学，发生于十九世纪下半，于今不过数十年。但二三百年以来，有些教育家早已觉到儿童的心理有研究之必要。他们以为教育不是一味将成人认为有价值的东西，硬叫儿童学习就算数，必须顺应儿童的“天性”或“自然的趋向”，所以第一步先要了解儿童。这种思潮最好的代表，当推法人卢梭（J. J. Rousseau）。他所著的《爱弥儿》一书(Emile，1763)是幼稚教育史上一部最重要的伟著。

不过科学是要做实地观察的，只有理论，不能算科学。最初实地研究儿童的人，不是教育家，也不是心理学家，而是一些医生和生物学家。他们本着自然科学的精神，跟着婴儿，仔细观察他们的行为动作，一一记录下来，就是所谓“日记方法”或“传记方法”。在十八世纪时已有裴斯泰洛齐（J. H. Pestalozzi，1774）和谛德曼（Dietrich Tiedemann，1787）做过一些这类的研究，不过成绩有限，也没有得到人家的注意。一八五〇年以后，这种研究才发达起来。到了普来尔手中，遂成为系统的、独立的科学。

威廉·普来尔（Wm. Preyer，1842—1877）德国人，是个生理学家兼实验心理学家。他从他的独子初生到三岁，每天做有系统的观察。他的大著《儿童的心》(Die Seele des Kindes）在一八八二年出第一版，遂奠定了科学的儿童心理学的基础。

这种研究，发源于奥国德国，渐渐传布到英法美各国。在美国提倡最早、影响最大的人，是克拉克大学（Clark University）的校长兼心理学教授霍尔（G. Stanley Hall，1844—1924)。霍尔自己也做了一些研究，但最大的贡献尤在乎鼓舞学者的兴趣热诚，组织会社，创办刊物，使儿童心理学成为合作的有组织的运动。

自后儿童心理学发达，蓬蓬勃勃。除了上述传记式的观察法之外，其他方法，相继而起，而且日益精密。各国大学和师范学校，大都有儿童心理学课程，教授既得的知识，训练研究的人才。专为研究儿童心理学的学校、学会和其他机关，相继创设。书籍期刊，数量日增。在心理学中是极兴旺的一部分。

我国的儿童心理学，原系自欧美传来。近年来各处学校也颇有一些独立的研究。将来对于世界儿童心理学的贡献，未可限量。

【温习和讨论题目】

1. 卢梭这一派的教育哲学家，对于儿童教育，有什么主张？

2. 最初用科学方法研究儿童的是一些什么样的人？什么时代起这类的

研究才发达起来？在什么人手中儿童心理学成为独立有系统的科学？

3. 霍尔有什么贡献？现在儿童心理学发达的情形如何？中国的儿童心理学要怎样才能够和外国同样地发展？

【补充读物】

1. 黄翼：《儿童心理学之过去与现在》，《中华教育界》，二十三卷七期，一至九页，民二十五。

2. 陈鹤琴：《儿童心理学之研究》，商务，末章。

第三章　研究儿童心理学的方法

方法是随着所研究的问题而不同的，原不能离开具体题材，空谈方法。此节所述，无非先说个梗概。

第一节　直接方法——实地观察

儿童心理学的方法，虽然名称很多，最基本而重要的是实地观察儿童的行为。实地观察可分为（壹）自然观察和（贰）控制的观察两种。

（壹）自然观察法（natural observation）

自然观察是在自然情境之下观察儿童。儿童在家庭学校，过他的日常生活时，研究者不去惊动他，只从旁边冷眼观察他的活动，记载下来。这个方法，可再分为几种：

（甲）日记法（diary method）或称传记法（biographical method）最初研究儿童心理的人，用的便是这种方法，普来尔是最好的代表，上文已曾提及。吾国有陈鹤琴氏做过这样的研究，可以为例。用这种方法的人，大抵是在家庭中观察自己的子女，或其他亲属。因为要天天纪录，所以叫作日记法。因为是专载一两个儿童的事迹，好像替他做详细的传记，所以叫作传记法。

（乙）限制的自然观察法　传记方法在事实上有许多困难，所以后来的人就想出一些限制的办法。

（一）专题的系统观察法　传记家所研究的范围，是包罗儿童心理发展的全部的。但要把一个儿童一天到晚的一切行为，通通记下来，当然是不可能的。事实上必须有所选择。选择得当与否，全靠研究者的学问眼光，标准是很主观的。初学的人对着一个活泼泼的儿童瞬息百变的活动，更容易觉得应接不暇，手足无措：结果挂一漏万，势所不免。所以近来研究的人，宁可缩小范围，专选一种行为（如语言、游戏、社会行为、情绪反应等），预拟纪录的格式，做系统的观察。

（二）短时间取样的观察法（short time sample method）　是限制观察时间的办法。日记法理论上是继续不断的。不过如果真要凡儿童醒时都时刻不离，积年累月的观察下去，事实上也是不可能。现在常用的一种办法，是将观察次数分散支配，每次时间缩短。例如每天一次或数次，每次十五分钟或半小时。这样如果观察次数充足，分布得宜，也可以得到能够代表一般情形的结果。

限制的自然观察法既不失自然观察的优点，又很有伸缩之余地。学生实习观察用这种方法最便。

（贰）控制的观察法（controlled observation）

自然观察是观察自然情境中发生的行为。控制的观察是故意安摆某种情境来影响儿童的行为，然后去观察它。这方法也有几种变形。

（甲）试验法（experimental method）　是控制的观察法的正宗。我们且举一个例来说明：一九一三年卡滋（David Katz）研究儿童辨别几样东西的异同时，所注重的是在乎形状还是在乎颜色。他将三个绿色的圆形和三个红色的三角形放在儿童面前，另外拿一个红色的圆形给他看，叫他把那些“同这个完全一样”的圆形找出来。这样地，儿童只能根据一种属性，或形或色，去判别异同。试验的结果现在可以不论，但这个例子可以代表控制的试验方法。

（乙）测验法（testing）　测验法是问儿童几个问题，看他答得对不对，或是叫他做几件工作，看他做得好不好，是故意安摆一种情境去引起儿童的反应，所以也可算是一种控制的观察法。不过测验的目标，大都是要评判或估量个别儿童的能力，所以和正式的试验不大相同。

（丙）晤谈法（conversational method） 有许多问题，需要比较自由地交谈，才能够得到适当的结果。例如本书作者研究儿童的因果思想，先做一些物理实验给儿童看，然后细细盘问，叫儿童说明这些现象的所以然，就是用这个方法。

第二节 间接方法

有一些方法，并非研究者当时亲自观察儿童的行为，只是用间接的手续收得所需的材料。这类的方法，虽然有时根本不能避免，有时也可以供给很重要的资料，但未免隔膜一层。须靠别人的观察时，更常常不甚可恃。

（壹）研究儿童的作品 从儿童的日记、文章、图画或手艺，常可以得到儿童心理上重要的材料。

（贰）征询法 许多关于儿童的事实，可向父母、教师、保姆或其他与儿童熟悉的人征询。寻常征询，多用（甲）问卷法（questionnaire），就是编好许多问题，留着空白，让人填答。不过也可以用（乙）当面接晤的方法（interview）。还有（丙）评估法（Rating），大抵用于尚未有客观的测验法的特点，如乐群与否、诚实与否等性格上的问题。研究者拟定格式，请熟悉儿童的人评定等级。

（叁）回忆法（reminiscence） 由成人回忆幼时的情事，作为儿童心理的资料。所谓心理分析法（psychoanalysis）是一种研究精神病的起源的方法，其中大部分手续是叫病者回忆以前的经历，也是一种回忆法。

第三节 个案法（case history method）

个案法或称案由法，是以一个儿童为对象，系统地收集关于他的一切材料，希望了解他的整个性格行为，以及造成这种性格行为的条件。所搜集的材料，包含儿童的身体和智力、学业、习惯、情感、态度的发展历史和现状，在家庭学校的生活状况，家族的历史，家庭的物质和文化的环境等等。所用的手续，包含医学检查、测验、评估、观察、接晤家长、接晤本人，甚至于控制的试验，可以说是汇集各种方法的方法。这种方法最普通的应用是研究行为不健康或不合社会标准的儿童，加以诊断，准备施行矫正。

各种方法的具体应用，散见下面诸章。

【温习和讨论题目】

1. 说明自然观察法和控制观察法的异同。这两种方法优点劣点何在？

2. 各种间接方法可能的弊病何在？个案法有什么实际上的困难？

【补充读物】

1. Stern，Wm. 著，祝雨人译：《儿童心理学的方法》，《教育杂志》，二十六卷七号，民二十五。或童致旋译：《儿童心理学的研究法》，《教与学》，二卷十号，民二十六，三八至四五页。

2. Anderson，John，E. 著，蔡乐生译述：《儿童心理学的方法》，《儿童教育》，六卷八、九期合刊，民二十四，一至十页。

3. 黄翼：《新近研究儿童思想之方法》，《儿童教育》，三卷八期，民二十。

4. 黄翼：《幼儿心理健康个案研究法》，《教育杂志》，二十五卷十二期，民二十四。

5. 龚启昌：《儿童生活纪》，大东。

第四章 发展的原则

第一节 发展的条件——遗传和环境

(壹) 遗传和环境的意义

一个人任何时身心的状态，是他所经历的发展历程的产品；而发展的历程，是随着种种条件或因素而转移的。天下没有两个完全相同的人，便是因为发展的条件，没有两个人完全相同。这些支配我们命运的条件，可分为（甲）遗传的和（乙）环境的两大类。

（甲）遗传（heredity） 遗传是结胎时直接由父母得来的构造的影响。一个人生命的起源，和其他高级动物一样，是父体一个生殖细胞（精虫）和母体一个生殖细胞（卵球），融合为一，构成一个“受精细胞”。这个受精细胞，发育分裂，一化为二，二化为四，四化为八，以至千千万万，构成整个的人。细胞的大部分是比较地稀清的“细胞质”（cytoplasm）包着许多微细的结构。就中最重要的是一个细胞核(nucleus)，核内有一些“染色体”（chromosomes）。遗传学已经证明这些染色体便是遗传的器官。染色体中包含着支配将来发展的历程和结果的因素。“遗传”的意义，便是指由父母传递下来的染色体所含的影响。

每种生物身体细胞中的染色体，是有一定数目的，而且配合成对。人类是四十八枚，即二十四对。（整理者注：1955 年，生物学界推翻了这一说法，发现人类的染色体是四十六枚，即二十三对。）每次细胞分裂时，每染色体平剖为二，新细胞中仍各有四十八枚。但产生生殖细胞时每个染色体并不剖分，只是每对的两枚拆散了，各归一新细胞；结果每生殖细胞的染色体，只有身体细胞的一半，即二十四单枚。这个历程，称为“缩减分裂”（reduction division）。受精时父精的二十四单枚，和母卵的二十四单枚，混合为一处，重新配成二十四对。当缩减分裂时，那一个染色体归那一个生殖细胞，是不一定的；而且有时一个染色体可以和它的配对交叉而互换其一部分，所以一个人的生殖细胞，所含染色体，并不是一律的。换言之，同父母所生的子女，遗传的因素也只有一部分是相同的。

（乙）环境（environment）　一个人自受精以至老死，无时不存在某种环境之中，和环境发生密切的交往。怀孕期中，以母亲的身体为环境，可称为“胎内环境”。诞生后开始有“外界环境”。外界环境又可分为“物质环境”和“社会环境”；或分为“地理环境”与“文化环境”。教育是文化环境的一个特殊而重要的部分。

（贰）遗传和环境的关系

我们直接从父母得到的，只是那么一个包含着某种染色体的细胞。我们一切身体构造和行为活动，那时节都没有具体的存在；必须经过一番适当的发展历程，才能一一实现。

发展是生物对环境发生反应的结果。一个具有某种遗传的属性的生物，在某种环境之下，便发生某种反应。经过一番反应，便有一步的发展。然后新具的属性和新遇的环境又共同决定新的反应，产生新的发展。可知遗传虽然供给某种可能性，但这种可能性的实现，步步需要环境的协助，也步步受环境的限制。所以我们一切具体的构造或行为，都是遗传的因素和环境的因素会合产生。专靠遗传或专靠环境而成的构造或行为，是不可能的。

虽然我们不能说任何属性是专靠遗传的或专靠环境的，但遗传和环境的效力我们却可以分别证明。我们知道环境确实是支配发展的因素，因为遗传相同时，只要环境不同，结果就可以不同。某种中国种的“藏报春”（primrose，花名），在冷地生长则花色白，在暖地生长则花色红。某种果树上的黑蝇，在食品和水分充足的常态之下生长的，腹部的构造有变态的特点；如食品稀少而干燥，则腹部形状与他种果蝇无异。人类不但身体的发育，大受营养起居的影响，他的知识、技能、品行、礼貌，更加依赖从环境得到的训练熏陶而决定。同胎衣产生的孪生儿，遗传是相同的；但如一个活在广东，一个活在北平，则将来说话，自然一个粤腔，一个平腔。

环境的势力是无人否认的。

我们又知道遗传也确实是支配发展的因素，因为在相同的环境之下，只要遗传不同，发展的结果便不同。如果拿一个桃核、一个李核，种在同一块园地上，将来发芽生长，必定一株是桃、一株是李。如果拿一个鸡卵、一个鸭卵，让它们在同一孵化器孵化，结果鸡卵出小鸡，鸭卵出小鸭，也决无差误。雄马与雌马生马，雄驴与雌马生骡：同一雌马，母胎环境是相同的，只因父精不同，所生就不同了。白种人的子女是白的，黑种人的子女是黑的；父母一黑一白子女便是半黑半白，其理亦同。

遗传学已经确证人类有许多构造上的差别，是因为遗传的差别而起。例如有人色盲，有人骈指，那是因为他们遗传的因素和常人不同。皮肤、头发和眼睛颜色的差别，又是因为遗传不同。身长体重也大部分靠遗传而定。

行为是身体构造——特别是神经系——的作用。既然身体构造有遗传的差别，心理特点当然也随之有遗传的差别。不过在这方面，因为研究上的困难，直接的证据，比较地没有那么确凿。普通智力，某种特殊才能（如音乐、数学），和某种精神病的趋向（如羊角风），大有遗传上的差别，颇可证明。

（叁）教育的结论

每个儿童的遗传，在受胎时已经决定，非教育者所能影响，教育者所能办到的，只是控制他的环境。但这并不是可以馁志的结论，因为在遗传的可能范围之内，教育可以产生很大的差别。两千年前的古人，和现在的人，遗传大概无差别。但现在的人比起古人，知识的进步，已不可以道里计。人类费了千百年才积聚起来的学问，现在的学童，几年中就可以学到。这便表示文化环境和教育制度的效力。一个人无论天资怎样卓越，若无适当的学习机会，还是不能凭空有什么大成就。如有适当的训练，便是比较的愚钝的人，也可以获得相当的知识技能。

反之，遗传的重要也是不可忽略的。低能的儿童，如果一味催迫要他成绩赶上侪辈，不但是“缘木求鱼”，而且可以迫出不良的结果。天赋独厚的，如果没有深造的机会，尤为可惜。教育必须适合儿童遗传的可能和限制。帮助儿童选择职业，必须注意他的特殊才能和缺陷。

第二节　发展的方式——生长和学习

婴儿刚刚诞生，便会呱呱大哭；但须经过许多时候的学习，才能够说话。因此有些人就说，啼哭这一类的行为是先天的，遗传的，或“本能的”；而说话这一类的行为是后天的，由环境获得的。从上文的讨论，我们应该知道这是很不适当的见解。啼哭需要声带、肺脏和胸部筋肉的活动，以及神经系的控制。而这些器官，非有适宜的母胎环境则无从发育。说话固然是从社会环境模仿而来，但上述诸种发音器官，也必须有遗传的因素，才能形成。况且学习语言的能力，更是人类所独有，有赖于种族的遗传。譬如狗猫牛马，无论怎样教练，还是一辈子学不会说话；鹦鹉八哥，虽有模仿发音的可能，仍没有说真正语言的可能。可知无论是啼哭或是说话，都是遗传、环境会合的结果。

但是啼哭和说话，到底有个分别。说话是要有别人说这种话做儿童的榜样，而且要儿童自己努力练习，才能够的，是学习的结果。啼哭是无须学习，只要达到某种成熟程度，便自然而然就会的，是生长的结果。生长和学习可以说是发展的两种方式或种类。生长也需要环境，但所求于环境的，是滋养、空气、水分、温度等关于体内的“新陈代谢”作用的普通条件。学习却需要特别的外界环境——常常是文化环境——刺激感觉器官，引起神经系的兴奋和动作器官的反应，才能发生。生长历程产生身体的构造，供给行为基本的条件；学习历程，是神经系功用的改善，造成特殊的行为形式，使我们更能适应特殊环境的需要。

在各种生物之中，愈低级的，愈专靠生长；愈高级的，愈依赖学习，学习的能力也愈高。植物只有生长，无所谓学习。低级的动物，专靠生长，已可获得很好的造就。譬如蝌蚪游泳，一孵化就会，无须学习。他如丝蚕作茧，母鸡孵雏，都是成熟程度一到，自然就会的。但是蝌蚪蚕鸡，一生也没有学会多少新能力。人在初生时，柔弱无能，没有父母照料，绝对不能存活。人类几乎一切行为，都是经过学习而成，极少完全不须学习的。但人类最后成就，便远非他种生物所能望其项背的了。

胎儿在母体时，学习纵使可能，事实上也极有限。这时的发展，主要是生长。所以初生时的行为，大概都可以认为是生长的结果。坠地之后，生长历程，方兴未艾，但同时已开始和外界环境发生关系，开始学习了。便是原来只赖生长而成的行为，如上文的啼哭，此后也不免因经验而改变。在整个儿童期和青年期中，生长和学习，同时进行，所以结果融和混合，不可分析。譬如走路，虽然很靠生长，但儿童初学走时总是寸步艰难，后来一面努力练习，一面生长，到了完全会走时，生长和学习的效力，已经水乳交融，无法分剖了。所以人类除了初生时外，几乎没有一种行为可以说全是靠生长，不受经验的影响的。

生长的行为早晚不免受经验（学习）的影响，已如上述。至于学习，则更必须有生长做它的基础。这一层看格瑞尔（A. Gesell）的孪生儿比较试验，最为显然。他使孪生儿甲在年龄四十六星期时开始每日练习爬上特制小楼梯，练了六星期。到了五十二星期训练完毕时，甲只消二十六秒钟便可爬到梯顶。孪生儿乙全无练习；第五十三星期时乙须四十五秒钟方能爬到。这时的差别，当然是因为练习机会不同。但从这时起，乙开始受训练，共两星期，到了第五十五星期，乙只消十秒钟就可爬到梯顶，比甲在五十二星期时，好得多了。换言之，乙在年纪较大时练习两星期，比甲在较幼时练习六星期，效果还要大。甲在四十六至五十二星期中，又每日受摆积木的训练，乙没有受训练。但六星期后甲的积木行为和乙竟没有多大差别。这证明成熟程度太差时，虽有训练，仍鲜效果。由这些实验，可以知道相当的生长程度，是学习的必要条件。

本节所提出的原理，对于我们的指示是：（一）生长既是儿童发展最基本的途径，我们第一责任是供给最好的机会，让他们得以充分生长。一切忽略或妨碍生长的教育政策，都是不可恕的罪过。（二）编订教材应该步步适合儿童成熟的程度，不可一味要提高程度，致患“欲速不达”“揠苗助长”的毛病。（三）生长的历程，也依赖经验练习的扶助，不可因为某种行为是不学而能的，便忽略了学习的可能和需要。

第三节　发展的公律

儿童发展的历程，是有规律的。各种构造和行为的出现，是有一定的先后次序的。详情在以下诸章分别讨论。现在先要指出一些最普遍、最基本的趋势。

希腊的大哲学家亚里士多德（Aristotle）提出一些关于生物进化历程的原则，在今日看来，还觉得很合事实。现在把他的大意，用现代语言解释，再略加引申如下：

（一）最初发生的是维持生命的基本生理机能。如循环、营养、呼吸、排泄、调节体温等等生命必需的器官和生理作用，在未生或初生时都已具备。

（二）其次是感受外界印象的官觉和动作的能力，苦痛快乐的感觉，情绪和生理的需欲。

（三）最后才是抽象的理智思想和适合社会标准的道德行为。

最后我们要提出一条发展历程最根本的公律。且先看两个具体的例证。

人身最早的构造，是一个单细胞。它的内容，比起成形的人来可谓极其简单。细胞一再分裂，成为许多细胞；但各个细胞起先都差不多是一样的。后来一面分裂，一面各部分渐渐互相不同，产生种种器官，各自有各自的构造。起初一切吸收养料，排泄废物，以及其他生物的机能，都是一个细胞包办。后来，各种工作，渐由各部分分开担任，产生专司的器官，效率大进。此时身体构造，虽然异常复杂，但各部机能，互相调协，使全身的活动，呈现完整统一的状态。

再看儿童语言发展的历程，也表现同样的趋势。儿童学习说话，经过一个所谓“单字句”的时期。便是每说话时只用一个字，但是这个字事实上有一句的功用。譬如他说“妈妈”，意思也许是说“妈妈回来了”或“我要妈妈抱”之类。这时的语言，不但形式简单，意思笼统，而且总带着感叹或表现自己欲望的意味，绝少专门叙述客观的事实的。换言之，理智的成分和情绪欲望的成分是混合为一的。后来渐渐每句分成许多字数，各字的形式功用，各各不同，但合成一个表示整个意思的句子。同时表示客观事实和表示主观情欲的词句，也各有分别。

从这两个实例，可知发展的要素，是集中的分化，由简单一律，变成复杂而有各种互异的部分；由笼统混合变成划分专司；由模糊空泛，变成明确有条理。同时各部分合作于集中的统御之下，全体是统一而完整的。

第四节　发展的速率

发展的速率，普遍地说，是先快后慢的。胚胎的变化，过几天就不同；初生婴儿，几个星期就不同；较大的儿童，几个月就不同；至于将近成年的人，非以年计算，不易看出什么差别。

就观察得到的现象而言，发展的速率不是固定一律的。有时似乎许久没有多大差别，有时似乎进步很快。当然的，表面上没有什么变化时，也许实际上还有看不见的进步；下届的突进是酝酿的结果。这是很可能的。

各方面的发展，不是同时并进的。一个时期有一个时期发展的焦点。例如起初头颅的生长最速，以后其他部分渐渐赶上来。各种腺最发达的时期，也先后不同。学走路是在婴儿期，性机能的成熟，还要过许多年方完毕。

第五节　个别的差异

上文说发展是有规律的，这句话原是不错。但如果我们以为各个人的发展历程都完全相同，不差累黍，那就大错了。发展的历程是受种种因素的支配的。各人所受的遗传和环境的条件，各各不同，所以发展的历程，也必不免各具特色。结果产生种种“个别差异”（individual differences）。下文各章所述的，只是一般的、基本的趋势。

心理发展的质的方面——行为形式递嬗的程序——颇有一定的规律，个别差异比较地小。至于各级行为出现的年龄，因为各人发展的速率不同，差别就可以很大。本书中所举的年月，只是一种“平均”，只能代表“中庸”常态的儿童，不能拘执应用于每个儿童。这一点万不可误会。

我们常常需要知道个别儿童发展的程度。各种测验——智力测验、性格测验等等——便是估量个别儿童发展情形的方法。测验的原理，无非是将一个儿童和一般儿童比较，审定他和中庸的或平均的儿童差异的程度。

【温习和讨论题目】

1. 试为遗传下一定义。遗传是决定发展历程的一个因素，有什么证据？古书上说圣人“生而知之”，有没有这种可能？

2. 生长和学习分别何在？生长要不要靠环境？学习要不要靠遗传？学习和生长在各种生物的发展上，地位不同何在？错误的教育方法，可以妨害儿童的生长，试举数例。

3. 生物各种机能发生的次序是怎样？发展最普遍的公律是怎样？说明“分化”的意义。

4. 儿童期发展的速率，大体上有什么变迁？发展是渐进的还是一停一跳的？身心各方面的发展，是否平均进行？

5. 什么叫作“个性差别”？为什么各个儿童的发展，各有不同？

【补充读物】

1. 谢循初译：《心理学》，第五章，《遗传和环境》。

2. 沈有乾：《教育心理》，正中书局，民二十四，第三章。

3. 黄翼译述：《生长与行为之形成》，《儿童教育》，六卷八、九合期，二五至三九页。

4. 赵演译：《发展心理学概论》，第二、三和十七章。

第五章 儿童各时期心理发展的概略

一个人自结胎至长成，行为的发展，是极繁复的现象。我们要系统地陈述其梗概，势不能不采取一种计划，将材料分析为若干单元，以便研究。分析的方法有两种：（一）是将这一二十年分为若干时期，依次描述各期行为的特点；（二）是将行为分析为若干种类或方面，如动作、语言、游戏等等，一一叙述其演进历程的始终。本书所采取的是第二种计划。但在本章中，却先要作简要的分期叙述。

发展历程是赓续连绵，如江水奔流，不可割断的，本没有一个一个截然的段落。所谓时期，只是为研究便利起见，勉强分出来的。因此各家分法，各有不同。各期起讫的时间，也不能作呆板的规定。下面的分法，比较地是最通行的。

第一节 胚胎期

婴儿落地时，已经经过了九个多月的发展，诞生并不是一切的开始。产前产后的发展，完全是衔接连续的。不过诞生之后，脱离了母胎，自成独立的个体，生活的状况，大不相同了。

自受精至诞生，人类平均是四十星期。不到这个期限产生的谓之早产（premature）；超过这个期限，谓之迟产（post-mature）。受精时只是一个渺小的细胞，直径约一粍之十分之二（0.2mm）。十个星期时，身体有二三寸长，人形已经具备了。六个多月产生的，已有几分存活的希望了。大约三个月左右，开始有运动。以后各种反应依着程序次第成熟。此时的运动大都是全身参加，各部分不调协，散泛不固定，不针对刺激而发的。

婴儿的发育，颇受母亲身体的营养状况和一般健康的影响。至于母亲怀孕时的思想行为，对于胎儿，并无直接的效果。古来所谓“胎教”，是一种无科学根据的传说。

第二节　儿童期

自诞生至性机能成熟，总称儿童期。儿童期又分前后二期：

(壹) 前儿童期 (early childhood)

最初六年，通行称“前儿童期”或“未届学龄期”（preschool period）。第一小臼齿在此期之终发出。前儿童期生活的内容，只有游戏，无所谓工作。此项又可分数期：

（甲）初生期（neonatal period）　范围不甚确定，大约指初生后的十天或一个月间。此时生命必需的生理作用和五官的功能，大都具备，而且已有许多复杂的活动。但是比起其他动物来，人类的初生儿是极软弱而不成熟的。

（乙）婴儿期（infancy）　范围亦不确定。我们用这个名词来代表会说话和走路以前的那一年多光阴。在这短时期中，儿童学会了许多人类所独有的能力：用手取物，认识日常的事物，了解不少别人的意思，模仿别人的行为，准备学习说话和直立走路。

（丙）幼儿期　一岁多至六岁，是培育院（nursery school）、幼稚园（kindergarten）等“幼儿学校”的时期。语言和运动身体的能力，在此期中发展完成。游戏的种类大为增加；建造和幻想，已经开始。生活很快地社会化了；吃、睡、排泄等基本习惯，在此时可以完全养成。自己的需要，喜欢学习自理，渐渐养成独立自助的能力。因个性发展之故，常与成人或同伴的意志发生抵触；一面渐渐学习自克自制和适应他人。

(贰) 后儿童期 (later childhood)

自满届学龄至性成熟，是为后儿童期，大部分相当于小学的时期。这时一种显著的特点，是形式的学习开始了。以前的学习，只是游戏活动之自然的结果。学童的学习，是努力有意的。不但在学校中获得文字的教育和各种基本的知识，而且功课以外的常识、工作、游戏，只要引起兴味，无不好奇喜问，愿意学学看。此时相对地不需要大人的看护，喜欢和年龄相近的侪辈结伴同游，接受儿童的规律习尚。游戏较有固定的形式，尤喜个人的比赛。神仙故事的兴趣，在此期最为发达。

第三节　青年期

（壹）发情期（puberty or pubescence）

性机能成熟不是突如其来的：种种生理的变化逐渐进行，一二年方才完毕。这个时期，称为发情期或过渡期（transitional period）。女子以月经开始为成熟的表征。男子没有这样显著的界限，大抵以变音、生须、阴毛增多及拳曲、遗精等现象为标准。发情期的迟早，随着种族、性别和个人而异。男童比女童迟一二年。据新近陶炽孙、徐大哉的调查，江浙女子初潮平均年龄为 14.3—14.6 岁。

（贰）青年期（adolescence）

自性成熟至十八九岁，称青年期。大部分相当于高中时期。此期主要的特点，当然是和性功能成熟连带发生的情绪和问题。此时身心将近成熟，开始脱离父母严密的监护管辖，准备做一个独立的人。

（叁）后青年期（later adolescence）

十八九岁以后的几年，或称后青年期。许多人此时已开始成人的生活，其余的也正在努力准备职业所需的知识技能。以后的变迁，可以说不在儿童心理学范围之内了。

* * *　　　* * *

本书以后诸章，要将行为发展的历程，分项陈述。这种分法，也是抽象的，勉强的。因为行为的本身，原不是一项一项分得开的。譬如语言，原是思想情绪的表现；动作总要受知觉的支配和指导，而且总是为满足某种需要而发出的。所以动作、知觉、思想、情绪、需要等等，事实上都是整个行为的各方面，不可分离的。我们把它们分章叙述，也是为便利起见，不得已的办法。

【温习和讨论题目】

1. 儿童行为发展的历程，是否有天然的段落，如本章的分期？行为是否可分为几个不相混合的种类，如本书以下各章所述？

2. 将儿童时代的分期，作为一表。略述各时期发展的概要。

3. 或谓怀孕时多读侠义小说，则将来儿童长成，有任侠的性情；多习数字，则儿童可成数学家。此论确否？

【补充读物】

1. 郭任远、胡寄南译述：《胚胎行为的起源与发生》，《儿童教育》，六卷八、九期，十一至二十八页。

2. 孙国华译述：《新生婴儿》，同上，二十九至三十四页。

3. 张耀翔译述：《青年儿童》，同上，一八八至一九二页。

4. 陶炽孙、徐大哉：《中国妇女月经初潮调查》，见文摘壹卷五号一四二页。

5. 赵演译：《发展心理学概论》（第四章论分期原则。全书用分期法）。

6. 袁哲编译：《儿童研究》，大东（全书用分期法）。

第六章　儿童的游戏

第一节　儿童游戏的重要和研究法

儿童心理学中，没有一个题目比游戏更为重要的了。提起儿童，便使人联想到游戏，因为游戏是儿童生活最典型的部分。在前儿童期，发展最迅速时，除了吃睡等必需的常务之外，游戏几乎构成儿童生活的全部。那时形式的学习，尚不重要；儿童发展的途径专在游戏。便是在较大的儿童，游戏也是占极重要的位置。而且儿童心理的各方面，如动作、想象、思想、兴趣、社会行为等等，都是在游戏中得到充分的自然表现。所以我们无论研究儿童行为的那一方面，都根本离不开游戏。

研究儿童的游戏，自然的观察是最基本的方法。新近研究幼儿学校的儿童，多用短时间取样的系统观察法（参看第三章），又有些材料是靠问卷法收集来的。研究者拟好一些问题，如："你最喜欢什么游戏？请写出三种""你昨日一日中玩过那几种游戏"之类，让识字的学童填答。此外又有一些研究，用控制的试验法来解决特别的问题，例如将几种玩具陈列于儿童面前，看他选择那一种，借以知道他对于玩具的嗜好。

第二节　游戏行为进展的步骤

（壹）婴儿的游戏

婴儿期的游戏，主要是运动自己的身体和播弄物件，就是所谓感觉运动试验（sensori-motor experimentation）的游戏。三个月以内的婴儿，醒时已经时常手舞足踢，吮咂嘴唇和拳头，发生哦哦哑哑的声音。后来抚弄注视他的手足，扭转移动他的躯体，抱直时上下跳踉。更大的时候就自动的学习爬、立、走路。发音器官的活动也日益复杂，所做的声音花样日多。同时会笑、喊和用唇舌做种种有声响的把戏。由这些动作的游戏，婴儿学会了控制运用自己身体各部分的能力。

初生或几日的婴儿，眼睛会注视和跟随发光或颜色鲜明的东西。后来小手碰到衣服被褥或母亲的乳房时，会抚摩拉捏。三四个月手会拿东西之后，用东西的游戏便正式地开始了。如果给他串珠、摇鼓之类，就会捏住摇摇播弄，或放在口中吮咂，久久不倦。七八月的婴儿，无论看见什么东西，就伸手攫取，最高兴是拿来敲击作响或撒手抛掷，看它跌落在地。这时活动的一种特点是喜欢重复。同一动作，百试不厌。当他用力敲东西，发生很大的响声，或是推拉撕抛，使东西发生变化时，他觉得是他自己在那里做出这些效果，更加津津有味。由这种游戏，儿童获得了应用物理的基本常识。他认识了各种东西的粗、细、硬、软、坚韧、易碎以及其他的属性。他知道东西会出声，有重量，往地下跌落。

对人笑是婴儿社会游戏的开始，时间约在二足月后。以后对人的兴味日益增加，看见人就注视嬉笑，做欢迎的姿势。六七个月的儿童，最喜欢假装躲起来，然后忽然抬头对人一看。嬉笑为乐（北平话叫作“藏们儿”）。半年以后，喜欢模仿别人的行为，要帮人做事。

这时期训导的原则，是供给他充分运动肢体和播弄东西的机会。衣服要宽松，以免束缚他的自由。婴儿并不需要什么正式的玩具。所要的是可以敲击、摇摆、抛掷、撕捏的简单物事；那怕是一张纸、一条手巾、二串钥匙、一把茶匙，都是合用。许多父母，因为婴儿乱拿成人的东西，随意毁坏，甚为所窘。这种冲动，不但禁抑不住，也不应禁抑。处置的方法，在乎供给他自己的东西，使他得以充分播弄，然后禁止乱动成人的东西，可以有效。在几个月的时候，一般母亲最容易犯的错误，是抱他陪他的时候太多。其实这时期婴儿本不需要同伴，也正最应学习独自娱乐的习惯。只要供给他安全的地方，适当的玩物，便应该让他自己去玩。

（贰）幼儿的游戏

幼儿学校的儿童，极大部分的时间是以物为戏。但这时对于物的反应和婴儿期有一点极重要的不同，便是不单播弄，而开始有简单的制作了。他要穿珠子，剪纸，用沙做月饼，用软泥和积木做各种各式的东西。无论作品怎样幼稚，却是要想象一种结果，认定一个目标，耐着性子一步一步的做下去，是积极的建设的工作。这样的成就，比起随意拿着东西摇摆敲打，当然是难能可贵得多。对于心思技能的进展，是大有裨益的。这时候儿童所需的是各种工具和原料：积木和沙，尤是最理想的材料。至于那些价钱昂贵，只好看看而不能用来制作，以及暗藏机关的机械玩具，虽可刺激一时的好奇，却没有永久的价值。儿童建造时，应当尽量放任鼓励他自出心裁，多方尝试；不可指定一定的型式，叫他照做，以免束缚其创造和试验的自由。遇有困难时，不可立刻替他做，应当尽量让他自寻办法，以培养解决难题的能力以及独立自信的心。不过到他委实能力不及时，却又不可不相机给他适宜的启发和指导，帮他渡过难关。否则他因失败而沮丧，反而妨碍自信和勇气。

幼儿期再一类的游戏是幻想的、模仿的。起先幻想是很简单的：他也许拿一只小空碗，假装请你吃点心；也许捏起拳头，就算是碗。后来模仿烧饭菜，做客人，娶新娘，洗衣裳，照应团团。家庭以外的生活，无论耕田、挑担、摇船、叫卖东西，以及故事中的人物事迹，也都喜欢扮演。这种游戏，常需要一些用具。一根竹竿，可以当作马；一块木头或一个枕头，可以当作小孩子；需要船车、城堡时，可以用椅子来搭。事实上相像与否，儿童是不关心的，只要可以用来辅助当时的活动，便可以用想象来补充一切。此时的儿童，喜欢内容简单、体裁重复的禽兽故事。幻想和熟悉，作可异的混合。在这种幻想游戏中，儿童设身处地，体会他人的活动，得以超脱自己实际生活的限制，扩充经验的范围，使儿童对于人生有较深切广遍的领略。我们从这种幻想的游戏，又常常可以看出儿童心中的愿望和需要。譬如稚弱的儿童，自拟英雄无敌的勇士；平民人家的子女，假想尊贵奢富的生活：都是事实上不能达到的欲望，借着幻想的方法，得到替代的满足。

身体的游戏已由散漫无章的运动，进而为有组织有系统的动作，如跑、跳、爬木梯、溜滑梯、荡秋千、坐小车、坐跷跷板等。此时语言已有很高的发展，会说笑，喜欢唱歌曲。

两岁以上的儿童，应当有年龄相近的友伴，共同游戏了。这时儿童很喜欢同伴，但玩时大都只是自己玩自己的，不相关照。纵有一点合作也是很简单的；譬如合唱、操兵之类，只是大家平行地做同样的事，不是分工的合作。然而幼儿在这种共同生活中，培养社会兴趣，孕育群德，学习较高等的合作。

（叁）后儿童期的游戏

小学时期中，幻想先进化为复杂而有系统的，然后渐渐衰退。这个阶段，可以用神仙故事的兴趣为代表。从四五岁到十岁左右是神仙故事的时代。制作的游戏则方兴未艾；在此时期的终了，达到最高的程度。所造由象征的、想象的，进为写实的、技术的、实用的。动作的游戏，偏专在需要气力和灵巧的技术。碰机会和用心思的游戏（如赌、下棋、猜谜）也很发达。儿童间的社会关系，先学会复杂的分工合作，后来偏重个人间技艺和心思的竞赛。

第三节　影响儿童游戏的条件

（壹）个别差异

以上所述的发展历程，只是代表大概的趋势。当然不是说每个儿童都是呆板一律的。各人因禀赋和经验的不同，在游戏上表现的发展情形，亦自各各不同。天分高的，发育快的，游戏的程度可以和实际年龄较大的儿童相像；天分低，发育慢的反是。性情上的差别，尤为显著：同样年纪和智力，有的好动，有的好静；有的是书虫，有的爱运动；有的喜欢艺术，有的对于机械工作特别有兴趣。这种个性的表现，不是可以一概而论的。

（贰）性别差异

男女游戏兴趣，从幼儿期就开始有区别。据许多自然观察和问卷的研究，是男的犷武些而女的文柔些。男孩子比较喜欢创作的建造，费气力的运动，用器具的技艺，和公务的生活。女孩子比较喜欢家庭生活，照看婴儿（囝囝），和音乐、跳舞、绘图等美术节奏的活动。大概在八岁半至十岁半间，差别最为显著。

以上只是说事实。至于这种差别，从何而来，那是另一问题了。许多学者，认为这都是社会环境的影响。社会因为文化历史的关系，男女的地位，截然不同。男女儿童所受有形的教育和无形的暗示，也不相同。男孩子觉得大家认为某种活动才是适宜于他的；女孩子看惯了贤妻良母的生活，也居之不疑。反之，又有一些人，以为男女儿童游戏兴趣的差别，这样地普遍；和两性的整个性格，有这样一串有意义的关系；差别的发生又这样地早：必定有根本的、本性上的差别。这个问题，现在尚未有不可怀疑的科学的证据，我们也不愿作武断的结论。

（叁）种族的差异

上述发展历程的基本步骤，在现在文化民族中，似乎都可以应用。婴儿期的感觉动作试验游戏，任何儿童大抵都须经过这一步。较大儿童的游戏，因所居生活背景之不同，其形式和内容，可以有很大的区别：譬如旧时中国儿童，也许玩缠小足梳辫子，此是外国所无；寒地儿童玩雪车滑冰，又非热带儿童所梦想得到。但幻想、模仿、建造、比赛等等基本的成分，谅必是一样的。有几种游戏，如球、跳绳、秋千、寻觅躲藏的人、战斗和家庭生活，无论西洋东土、冰雪丛莽的儿童，都是有的，已有相当的证明。

（肆）环境的影响

游戏的根本冲动，各时期的基本特点，以及感觉动作试验的活动，虽然是不假外求，然而游戏的形式，却处处受环境的支配。气候和传统文化的影响，上段已举有例喻。海边儿童玩打鱼驶船，住大城里的假装造大洋房，开百货商店。孟母三迁的故事，可以指示我们邻舍的势力。此外父母的职业，季节的更替，时事的变迁，同伴的风尚，玩具场地的性质，都是左右游戏内容的因子。

第四节　游戏和教育

游戏是儿童发展的主要途径，我们已经明了。每时期应有的设备和指导方法，上文亦已略为谈及。旧时“勤有功，戏无益”的思想，彻底错误，是很显然的了。独怪现在许多小学校的教育，常仍不免染受这种顽固思想的遗毒。小学的功课，常常太繁重。儿童镇日静坐课堂中，死读书本，死听先生说话，回家还要做夜课，没有机会自由游戏。摧残儿童，已经够厉害的了。至于培育院、幼稚园的幼儿，称为“未届学龄”儿童，正因年纪太小，尚不应入学。只以一般人家，游戏的场所、玩具和同伴，常常不完备，所以设立这种机关，使一群儿童在适宜的环境之下，享受自由游戏作业的机会，可以得到充分的发展。假如再模仿小学校的形式，编订呆板的功课，押着幼儿，一排一排坐在那里“上课”，不能自由活动，岂不是将小学校的生活，提前一二年而已。这种办法，不但妨害儿童身体的发育和健康，且阻碍心智德性的发展，实在是有害无利，完全违背幼儿学校的初意。

【温习和讨论题目】

1. 为什么游戏是儿童心理学中一个最重要的题目？

2. 撮述各期游戏兴趣的特点。你现在最喜欢的是那几种游戏？总述儿童用物的游戏进展的步骤。总述身体运动的游戏进展的步骤。

3. 婴儿弄坏父亲的表，是否因为天性好破坏而然？幼儿喜欢假造种种情景，意义何在？

4. 男女儿童游戏兴趣的差别是先天的还是后天的？你的意见如何？有什么理由？两个国族不同的幼儿，碰在一起，假使语言可通，能否一同游玩，互得乐趣？

5. 参观数家玩具店，试鉴定某种玩具，适合某种年龄儿童，并批评各种玩具的价值。

6. 自由游戏的价值何在？有人主张儿童应当“工作游戏化，游戏工作化”，试讨论之。

【补充读物】

×××：《七种游戏学说》，《教育学期刊》，第二期，北平师大。

黄翼：《浙江大学教育学系培育院》，《教育杂志》，二十九卷四期，民二十八。

黄翼：《神仙故事与儿童心理》，商务，民二十五。

尚仲衣译：《儿童阅读兴趣发展的过程》，《儿童教育》，四卷七期。

第七章　动作的发展

第一节　概论

行为虽然不一定都是筋肉的动作，然而筋肉的动作到底是最足以代表其余的行为。我们无论是要改变环境来达我们的目的，还是要改变我们自己来适应环境，都不得不靠动作。其他的行为如知觉、思想等，功用或是指导动作，或是使我们节省动作，都可以说是以动作为归宿，为动作而存在的。

研究动作，最不应忽略了全身的姿态（posture）的问题。凡身体一部分发生动作时，身体的全部便须取着某种适当的姿态来应合它。写字有写字时的身体姿态，走路有走路时的身体姿态，不仅是手或脚在那里动而已。一切动作都是建设在某种姿态的基础之上，都是全身参与合作的。姿态是积极的适应活动，是一种复杂的行为，而且是发展的。

第二节　胚胎期和初生期动作的发展

胎儿六星期以后开始可以有运动，不过母亲要到第十七星期方能觉得。

胎儿的姿态是适应着子宫内的情形的，他首俯背弯腿臂屈曲，占着最小的空间。初生期最常见的姿态，是仰卧着头转在一边，躯干也随着微侧，相对方面的臂从肘节紧屈，手握拳靠近脑后，即所谓“持久的颈反射”（tonic neck reflex）姿态。

胎儿和初生儿的运动，很多是没有什么观察得到的外界刺激，自己发动的。这些自动（spontaneous movements）不是没有原因的，必定是由婴儿体内的生理变化所引起，在形式方面这时的运动，极大多数是身体许多部分同时蠕动或掣动，彼此间没有什么联络，而且变化流动，没有一定的型式。动作和刺激之间，又没有固定的关系：同一刺激，每次可以引起不同的反应；不同的刺激，可以引起差不多的反应。这种动作，对于刺激，大多没有躲拒或迎接的效用（例如注视和吸乳是迎接刺激的；闭起眼睛和回头闪避，是躲拒刺激的。最初的运动，许多并没有这种适应的功用）。总之，最原始的运动是全体的，不固定的，笼统散漫的。

渐渐地，局部的、联络的、有固定型式的动作，日益增多；对于刺激也渐渐有一定的关系和适应的功效。这种有组织的反应，在胚胎期中渐渐形成，到了诞生时，已经很有几样了。在这里不能一一缕述，只能略举数例，如哭、呵欠、打喷嚏、吸奶、瞳孔反应（光线射入眼睛时瞳孔缩小）、掌握反应（放一件东西在掌中时，会握掌捏紧，力量常常足以吊住全身不坠）、躲避反应（如替他揩抹面孔时会皱脸回头躲避）、足底反应（轻擦足底则五趾伸张）等等，在初生时或数日以内便都有了。

第三节　婴儿期动作的发展

为人一生动作的发展，最重要而有趣味的是在婴儿期。人类所以为万物之灵，成就高出其他动物千百倍者，原因虽不止一端，但其中一种极重要的因素，是人能够用两只手做精巧的工作，又是因为他能够直立，只靠两脚走路，所以能够把两只手腾出来。这些人兽关头的本领——直立、走路和用手——都是在婴儿期一年多之中获得。

现在我们将拿取和直立行走发展的历程，分别略为叙述。

(壹) 拿取动作之发展

（甲）口的拿取　最初拿取和抚摩的器官，不是手而是口。初生的婴儿，便会用嘴捉住母乳或自己的拳头来吮吸。假如用指头轻轻碰他的唇或颊，他会转动他的头使他的唇可以含着我们的指头。婴儿常喜吮咂拳头，这是他认识自己的手的一种途径。起先是偶然碰在一处，才吮吸起来，随后手可以忽然掣动跑掉了。大约第三个月时，才会有意地将手塞到唇上。这表示手的运动渐能自主了。

（乙）触觉的拿取　初生儿的手，不大有独立的活动。每动时，总是从肩节全臂一齐动。以后才由肩而肘而腕而指，逐渐有局部独立的运动。四肢的运动是自躯干渐向末梢发展的。

初生儿双拳总是紧握着，叫作“掌握反射”，上文已提及。一两月内的婴儿，如将小物放在他手中，他会反射地捏紧，但随时又可以松手放掉了，虽然不是有意的握取。第三个月时置物在他手中时，会一开一阖地动，似乎注意到手中有物的知觉了。不久之后，手碰到东西就会抓取。四个多月时，碰在手背或手边的东西，也可以转手摸到而拿到。

（丙）视觉的拿取　以上所述，是专靠触觉的拿取。手眼联络的拿取，发展尤迟，大约三个月左右，婴儿脱离“持久颈反射”的姿态，头能够正面仰卧，两手可以环抱到前面来。这样地眼睛可以常常看手的动作，渐渐发生手眼的联络。近四个月时，眼睛会长久注视手里播弄着的东西。看见可爱的东西时，虽尚不能伸手攫获，但两臂的活动增加，全身的姿态渐渐益有趋向目的物之势。到了四五个月时，时机成熟，看见东西就要伸手抓取了。

（丁）握取动作的进化　近年来心理学家利用活动电影照相机的帮助，研究婴儿拿取动作的发展历程，得到极精确仔细的结果。大概而言，起初是两手都伸出，合拢来抓；后才渐渐斜身专用一手。在半岁以内，拿东西（例如桌上一块方寸积木）时是全手覆在东西方面，指头一齐屈曲，将东西靠着手掌近腕之处握紧。此时大指全不重要，最得力的是小、名、中三指。自这时到一岁之终，发展的历程是全手的姿势渐益倾斜，使小指向上，食指向下；同时全手从腕节向外移转，使虎口与下臂成一直线；小指名指渐益闲散不用；专靠大指和食指（或食中两指）取相反的方向，将物件轻巧地钳夹在末节上。总之，发展的历程是从全掌的抓握成为大食两指的拈撮。在一岁过后，拿取的姿势便和成人差不多了。

（贰）直立和行动的发展

三个月以前，常态的姿势是“持久颈反射”的姿势，前文已及。一个月的婴儿，放他覆身卧时，头会时时和地心吸力反抗，强抬起来；不过不能持久，几秒钟后又软垂下去了。如果抱他直立，两脚虽然可以协齐或轮替地蹬踢，但并不支载身体的力量。

三个月至六个月间，婴儿给我们的一般印象，是个靠人扶抱而头身挺直的人了。十六星期后，头颅已能昂然直立。接着背脊也日益强健（二十至二十四星期）。喜欢人家抱直起来，或扶坐在膝上，左右顾盼，享受种种视觉的经验。抱他直立时，两足载着身体的重量用力上下跳踉；不但他得到不少的运动，抱的人也觉得很费力。卧时已不复取持久颈反射的姿势，喜欢仰卧，且能随意翻到旁边。又能够运用双足将全身仰卧着向上推，或向旁拨转；在许多婴儿，这是最初移动身体的方式。

六个月至九个月的婴儿，可以自己坐几分钟了。仰卧时可以自己翻转成为覆卧；略受帮助时可以由卧的姿势爬到坐的姿势。有人扶着时可以双足载全身的重量直立。

几个月至十二个月，特点是用四肢爬行和获得独立和直立的姿势。婴儿在未能专用两足行走之前，先经过一个手足并用的时期。最典型的方法，是用两手和两膝爬行。不过四肢并用的进行法式并不限于这一种。十个月后，可以攀着东西自己站起来。一岁过后，便能够独立站着和扶着人手学步了。

独立走路的时间，平均在十四五个月，到十八个月，大概一切常态的婴儿都会走了。不过还要再过好几个月，才能走得稳顺。起先不但走得不稳顺，而且两脚张开，每步的距离短小。渐渐足步距离的比例增加，两脚向左右张开的比例减少。

第四节　幼儿期和以后动作的发展

会走路之后，其他各种行动的能力，相继出现，如爬上椅子和阶梯、跑、跳、倒走、走上楼梯、站在一脚上等等。五岁的儿童，人生基本的运动，大都已经获得。以后当然还要学习许多技艺，但都是靠特殊的环境和有意的努力的，不是一般发展的问题了。

幼儿什么事都喜欢学做，常常争着要自己饮食、穿衣履、扣纽扣、洗手面。有时不自量力，不会做的事也抢着要做。贤明的教育者应当利用这种兴趣，尽量让他得到充分的练习，从此可以一面发展做事的能力，一面养成独立自信的美德。无如许多父母，或是爱惜而不得其道；或是因为儿童动作，笨拙费时，又难免时常闯祸，恐怕麻烦，所以一味替他做，不肯让他自试。结果儿童身心发展的机会，遂大受限制，这是何等的不幸！幼儿学校，正是救济这种缺憾最好的场所。

【温习和讨论题目】

1. 胎儿和初生儿动作的特点如何？参照第四章提出的发展的公律，讨论其适当与否。同样地研究握取动作进化的步骤所指示的发展原则。

2. 小学生初学写字，寸楷较蝇头小楷容易，试说明其理由。

3. 闽南俗语说："七坐八爬九发牙"，意思是说小孩子七个月能坐，八个月能爬，九个月开始发牙。又说："会走的走岁一，不会走的走岁七"。"岁一"是一岁另一个月，"岁七"是指一岁另七个月。年月都是中国旧算法，不是实足年月。这两句话所表示的发展历程，尚称准确否？

【补充读物】

廖世承译述：《婴儿最初两年的运动与视作机能》，《儿童教育》，六卷八、九期，四十至四四页。

第八章　知觉的发展

第一节　知觉的意义

此刻我睁着眼睛一看，可以看见桌上的文具书籍，室中许多其他物事，和窗前一株含苞待放的桃花。同时耳中可以听见飞机在空中翱翔，两个小孩子在庭中玩耍笑语。刚才吃了一口茶，口鼻还觉得甘香。假如我闭起眼睛不看，也可以由皮肤筋肉等处觉得我的身体是临案而坐，手拿着笔在写字。我们时时这样地用我们的"五官"察知种种事实。靠眼睛的，俗语说"看见"；靠耳朵的说"听见"；靠鼻腔的说"闻着"；靠皮肤、筋肉和一些其他的感官的，泛称"觉得"。现在要用一个名词总括"看见""听见""觉得"等等作用，却没有适当的成语可用。心理学叫它做"知觉"(perception)。

知觉是用感官直接观察当前的实际事物；若只是心里知道或想想，便不叫作知觉。

知觉又不是“感觉”（sensation）。感觉这个名称，在心理学上有很特殊的涵义。在一般人的经验中，纯粹的感觉几乎是没有的。读这本书的人不是在研究专门的心理学，感觉是什么，暂且可以置之不论；只消记得我们用五官观察事物，叫作知觉。

知觉在生物生活之中，虽然有很重要的功用。我们的行为，原是应付环境，利用环境，来供给自己的需要的。我们要能够发生适应的行为，对于自己身体的状态和环境的情形，必须有适当的认识。这种认识，专赖知觉。知觉是供给我们知识，指导我们行为的。

第二节　知觉的发展和教育

平常人也许以为事物的真相，就是像我们所知觉的样子，我们的感官只是照样把它们摄收进来，就完了。这是极大的错误。每个人知觉的内容，是很长久的发展历程的产品。我们对于一个事物所得的印象如何，是依着我们的成熟程度和经验知识如何而不同的。譬如听人家说一种我们不懂的外国语，所听的只是一些佶屈聱牙、嘈嘈杂杂的声音。在熟习这种语言的人，便不同了。他所听得的，是所谈的话的意义和内容，至于声音的性质怎么样，倒是不大理会的。在一个地方住长久了，回想初到时第一次看见时所得到的印象，觉得很不相同。再譬如不抽烟的人，偶然试吸一口，只觉得又辣又苦又干燥又刺鼻。吸惯了之后，便只觉得怎样香怎样有味了。这不仅是喜欢不喜欢的差别而已，知觉的性质，已因经验而根本改变了。由此可知同是一个东西，婴儿和我们所得的知觉可以大不相同。

知觉的获得和发展，又不是仅靠感官消极地接受印象而已，还要靠积极的反应。我们对于一件东西，发生某种动作的反应之后，关于它的知觉，便有了某种改变或进展。譬如初次看见一个毽子，所得是某种印象；试踢几下之后，印象便不同了；如果自己试做一个，印象便更加明确、亲切而有意义了。婴儿凡攫到一件东西，不仅是静止地观察它而已，总要用手抚摩播弄，或是塞进口中，尽情吮咂，这并不一定是想吃的缘故，常常只是用口舌的动作来做知觉的试探。口不但是饮食说话的器官，在发展史的原始阶段中，且是攫取、探索和知觉的器官，后来才渐渐被手所替代，前章已经论及。儿童会爬会走之后，探索的范围益加扩充。在建造、扮演等等用物的游戏，以及游戏以外的日常生活中，处处要使用物件，借它们作种种有意义的活动。对人的关系，更不限于消极的观察，而是积极的交接合作。这样地儿童便渐渐深切地认识了他的环境。

知觉发展的历程，也是由全体进到局部，由笼统含糊的进而为明确有条理的。一个学生初次到学校的时候，看看校舍，只觉得前后左右有许多房子和隙地，印象是模糊的。熟了之后，才渐渐明了各间位置的关系和路径的交通。至于那一间大，那一间小，那一面夏天热，那一面冬天避风，那一处地板不平，那一处有一个蚂蚁洞，这些局部的、详细的情形，必须经过许多观察，才能逐一发现。再譬如看一幅风景画，一瞥之下，只看到那是一幅山水；一般的气概，或是雄壮奇伟，或是窈窕秀丽。细看之后，方才看出其中峰峦溪流的配置，庐舍桥梁的安插，草木人物的点缀。如果你是个行家，或者还可以看到作者经营的匠心，笔法的工拙，以及其他一般人不理会的技术上的特点。儿童对于各种事物知觉的进展，也经过同样的分化的历程。

初步的知觉既是含混笼统的，所以对于各样东西的特性，不甚能够辨别。讲究吃茶的人，茶叶的种别优劣，一试便知；不懂的人，吃起来味道都没有什么大分别。小孩子穿手套和皮鞋，常常左右换错，原因是他不曾看出两只的差别。有一种试验儿童智力的工具，叫作“形板”（form board)，是用一面木板，刻着各种形状的凹洞；另备一些木块，形状和板上的洞相同，可以一一嵌入洞中。很小的幼儿，拿起一块木块，并不细看形状，向随便一个洞里就装。装不进去时一味蛮敲蛮塞。过些时也许另试别个洞，最后也许被他碰巧装进去了。从这样的反应，可知这时儿童所知觉的，只是一块一块的木头，一个一个的凹洞：至于各块木头、各个凹洞的特形如何，不同何在，是模模糊糊、不能分辨的（参看第十章“形板”的图形）。

知觉的进展，是由简单的到复杂的，这句话大体上自是不错。但在儿童的心理上，什么是“简单”，什么是“复杂”，很有研究的余地。如上述形板的实验，假如不用圆、方、三角等几何图形，而用人、猫、鸡、房子、用具等等实物，则儿童配搭起来反而容易成功。一般人也许以为几何图形比较人物鸟兽，形状“简单”得多。又如两个人的互相不同，似乎是极精微复杂的；但是婴儿很早就会认识母亲，对母亲的反应和对别人显然不同。一只歌谱好像比一个单独的乐音“复杂”；但儿童很早就可以学习全操的歌曲，如要训练他认辨独立的乐音，可就难之又难。这实是因为人物、歌曲、母亲的音容行事等是具体的，在儿童的生活中是有意义的；至于几何的形状，独立的声音，以及颜色、数目等，是抽象的、没有意义的。前者是整个的事物，是我们知觉直接所得；后者是事物的片面或属性，是要用抽象、分析的眼光才能够觉察的。发展是从具体的、整个的、有意义的，进到分析的、抽象的、片面的。

上述这条原则，对于儿童教材的选择，很有关系。整个的、具体的、有意义的，是比较地容易的；分析的、抽象的、无意义的，是比较地难的。假如误以后者为“简单”，便失之毫厘，差之千里了。譬如开始教文字，应该用有意义的短句，不应该用独立的单字；教图画应该画整个的人物，不应该画无意义的直线曲线；教音乐应该唱成调的歌曲，不应该唱无味的音阶。其余可以类推。

学校的教育，很大部分是靠听先生说话和读书。这是因为在文化社会中，一个人所需要的知识范围太广了，不能样样亲自去实地观察、试验，所以不得已借语言文字来传授。但语言文字，不过是一些符号；只是实际事物的替代。若不是学生对于实际事物已先有充分的直接经验，为之基础，则语言文字的教育是空虚而无意义的。幼儿期是获得实际知觉的时期，语言文字的教育，应该从缓。假如符号的学习开始过早，势必不免夺了实际知觉的机会，反而有害无益。有许多人，以为教育便是读书，一味希望小儿提早识字读书，这实是错误有害的见解。

【温习和讨论题目】

1. 什么是知觉？知觉在我们生活中，有什么功用？

2. 自己举几个例，表示同一事物的印象，可以因为经验知识而改变。现代的教育，注重事事儿童动手参加，有什么学理的根据？

3. 讨论“简单的”和“抽象的”的区别。有些儿童习字帖，第一页全是点、横、撇、捺等“基本的”单笔，试讨论此法的利弊。

4. 实物的经验和语言文字的教育，那一样应该在先？

【补充读物】

1. 黄翼：《儿童绘画之心理》，商务，民二十七，七八至九四页（论知觉的“固定性”）。

2. 萧孝嵘：《儿童知觉发展的几种实验研究》，《教育杂志》，民二十五，二十六卷一号，一七三页起。

第九章 语言的发展

第一节 语言的重要性

上文曾说，直立走路和用手工作，是人类所独有。但人所以为万物之灵，主要的特色，尤在乎语言。人能够用语言相互沟通思想，传达情愫，然后能够有高级的共同生活和社会组织。有了语言（以及以语言为基础之文字），一个人的知识才可以传布为众人的知识；一个时代的文明，才可保存为万世的文化。语言又是我们思想的工具；若没有语言，我们的抽象的概念，便不能有高度的发展。

儿童开始说有意义的话，时间和开始走路差不多，大约在一岁与一岁半之间。我们假定说话走路的开始为婴儿期幼儿期分界的标准。

第二节　儿童语言发展的历程

儿童语言的发展，主要的时期是在学龄之前。到了四五岁时，大致可称完毕。现在我们将发展的历程，分作五期叙述。

（壹）预备期：发音游戏和了解语言（一岁以内）

在真正语言未开始之先，婴儿已经有了许多发音的练习，又学会了听懂一些别人的言语了。

最初的发音是哭。婴儿初生，第一件事是大哭。这是一种反射作用，是一生用肺呼吸的开始，也是发音的开始。

初生儿常常发出一些声音。起初只是空气出入，偶然鼓动声带。后来渐渐变成有意的发音，而且游戏的动机渐渐明显，便成了发音游戏(babbling)。发音游戏大约二三个月时开始。渐渐所发声音，花样日多。常常是一个声音，多次重叠，如 mamama、ngu-ngu、bababa 之类。各种声音出现的先后，也曾经有学者仔细研究过。我们现在不必去详细说它。

起初的声音游戏是自动的，连生而耳聋的婴孩都有。半岁以后便会有意模仿所听的声音了。这个可称为模仿的发音游戏，是一个很重要的进步。

这些声音，并不代表任何意义，不是语言，但却是学习语言不可缺的练习。

预备期再一种重要的发展，是了解别人的言语。成人常常在同样情境之下说同样的话。到了时机成熟时（大约九个月），婴儿便可以开始将几句简单的话和某种动作或事物组合为一。如果你对他说“让我抱抱”，他也许伸臂纵身向你；问他熟悉的人或物在那里，他可以回头看看或用手指出。叫他将手中物件“给我”，他或者能够从命。这种了解常常靠说话时手势的帮助。手势因为和所代表的意义，有很自然的关系，比语言容易了解。

模仿的发音和了解汇合为一，真正的语言便可以开始了。

（贰）第一期：真正语言的开始——单字句（一岁至一岁半）

真正的语言，必须说的人自己完全了解所发的声音的意义，并且有意地要表达自己的意思。儿童真正语言的发生，是渐渐来的，那一次是绝对的开始第一次，事实上无法断定。约略地说，平常儿童，是在第一年末了或第二年开始的时候。但个别差异很大：有些儿童九个月已经开始说有意义的话，有些到了十八个月还只会用手势传达情意。

儿童最初的语言，都是单字。然而这些单字，总是表示一个整个的意思，功用和一个句子相等，所以称为单字句（one-word sentence）。譬如周岁的婴儿说声“妈妈”，他的意思，或者是说“妈妈来了”或者是“我要找妈妈”“妈妈抱我”等等，意义上是一个整句。

这些最初的语言，和婴儿一己的需要、利益、情绪，有密切的关系，总不是超然地在描写一种客观的事实，而是热烈地在表示自己对于一件事物的愿望和态度。

这些单字，意义又常常和成人语言的范围不同。譬如某儿先模仿吃东西时的声音，用“num”的声音来表示“吃”的意思。后来“食物”——“饮”——“饭桌”——“碗碟”——以至于“鸟兽的嘴”，也都说num。因为这些事物，在实际生活上有连带关系，所以字的应用也随着引申蔓延。

儿童最初用的字，在声音方面也有特殊之处。因为起先是从发音游戏渐变而来的，所以声音的性质也和它相像，如“爸爸”“妈妈”“爹爹”等重叠的单音字。

更耐人寻味的是那些“象声字”（onomatopoeia），如：“汪汪”为狗，“咪咪”为猫，是模仿动物叫声的；“叮当”为铃，“骨碌碌”为物落地，是模仿物的声音的；“哈哈”为笑，“夫夫”（吹烛声）为烛，是模仿人表情或动作的声音的。这类的字，严格地说起来，未必真正完全是儿童自造，常常还是由父母保姆处学来，随着国语方言而互有不同的。但无论如何，这些字的原则在于模仿声音，容易懂，容易学，可以当得起“自然”二字。

（叁）第二期：有意的学习——多字句（一岁至两岁）

第二步重要的进展，是儿童明白语言的效用，有意努力去学习它。他觉到凡物皆有名字，不知名字时就喜欢问。所认识的名词因此大大增加。

同时渐渐脱离了单字句的限制，由双字句（two-word sentence），进而为多字句（several-word sentence）。一句中既有不止一字，各字功用不同，便有词类的区别了。名词起先最多；后来动词、形容词和状词，增加甚速，比例渐高。

本期中的儿童，虽会用几个字组成的句子表示复杂的意思，但这些句子的组织，和成人语法很不相同，颇有研究的价值。且先举一些实例：

（一）"希尔达——可可！"（注：许端的儿子。意谓"希尔达，来罢！你的可可茶来了！"）

（二）"阿母——打打——不！"（注：本书作者的女儿，一岁一月。叫母亲将医生赶去，不要让他看病。）

（三）"阿母——阿妈给——有包——吃吃？"（注：作者女儿，一岁三月。告诉母亲祖母给他糖，是有纸包着、干净的，问可以吃否。）

（四）"妈妈——要图画——房间——要图画——后面——那儿——妈妈拿。"（注：许端女儿，一岁十个月，叫母亲到后面房间里拿图画书给她。）

从这些例子，可以看出起初的"句子"结构是很松散的，好像是几个单字句连串起来。句子是残缺不完的；只有最主要的几个字，将意思勉强表现出来，其余辅助、联络、表示关系的字眼，大都没有。在西文中最常遗漏的是连词、介词、冠词、助动词和"是"字。儿童起先不明白代名词的相对性，常常用错，如自称为"你"或"他"之类。说自己时常常不说"我"而是说自己的名字。再一种可注意的特点，是字的次序不照文法，似乎是先想到一个意思就先说出来，随想随说，觉得不清楚时，再加补充。这种次序，不是文法的次序，却可以表露儿童思想的次序。

（肆）第三期：文法和句类的分化（二岁至二岁半）

语言发展的历程，自初生到这一岁，似乎不论那一种民族的儿童，都是一样的。自此以后，主要的进展是成人文法的学习，所以要看所处社会语言的种类而定。

德法意英美等泰西语言，源流相近，主要的共同特色是以字的变形，来表示文法上的关系。以英文为例，如 write 有 write，writes，wrote，written，writing 诸形；nice 有 nice，nicer，nicest 诸形；自称代名词有 I，me，my，mine 诸形是。幼儿的多字句中，字形是固定的；大概是用最常听见的一种。自此时开始，渐会依着文法的需要而用适当的字形了。不过非到四五岁以上，不能没有错误。

我国的文法，和欧西语言，迥不相同。这一阶段的发展，历程如何，大有研究的价值。

在这时期中，句子在意义方面也分化了，可以有各种语气。最初的单字句，饱含着愿望情绪的色彩，最近惊叹和请求的语气。第二期中开始问东西的名字。现在其他的问句亦相继出现。最可注意的，是叙述语气的发生，因为这表示儿童已渐有客观的思想了。

（伍）第四期：复句和好问（二岁半以后）

最初的句子是单句（simple sentence）。进一步可以有两句平行（compound sentence），如“爸爸要去，我也要去”之类。最后才有包含一个主句一个副句的复句（complex sentence），如“我们正在吃饭的时候，姑母来了”之类。这种复句初发生时，表示关系的连词（conjunction）常常遗漏了，只是在意义上可体会得出有主副之分，后来连词才明白说出。复句和连词的发展是相联带的。

连词表示事情的各种关系，很可以表现儿童逻辑思想的进展。据欧美学者的研究，大概表示时间关系的（“以后”“的时候”“正在”）最容易，表示因果（“因为”“所以”“的缘故”）和条件（“如果”“要是”）的甚难。和事实相违背的假设最难。我国儿童用连词的进展情形如何，也很有研究的余地。

儿童在这时期，因果的思想萌芽了，对于一切不熟悉的事物，都喜欢问其所以然。有名的好问期（questioning age）在这时开始，到“儿童后期”才渐不显著。下面是一个五岁八个月的女孩子在吃一顿饭未完成时所问的话：

问：为什么协顺兴卖东西有时贵有时便宜？

问：××当时叫我Dearie，什么是“Dearie”？

问：今天×先生和×太太一人来一次，是为什么？——答：他们来探望我们。——问：探望我们做什么？——答：因为他们好意。朋友来往就是这样。——问：为什么好意就要这样？什么叫作“来往”？——答：来往是大家你来我往。×先生和爸爸有话说。——问：说什么事？——答：他劝爸爸不要到××去。——问：为什么要劝他不要去？——答略。

问：以后新的助教怎么样？……他客气的时候怎么样？……他和×先生同样么？……“差不多”是什么意思？

这种好奇喜问的行为，是儿童求知识的欲望的表现，是至可宝贵的冲动。父母和教师，应当利用儿童自发的兴趣，供给的所需的知识。凡有所问，必当诚恳答复。有许多不懂事的成人，以为儿童这样根究追问是无礼，是多话，是聒絮讨厌，便随意吆喝制止。这不是剥夺儿童求知的机会，摧残他蓬蓬勃勃的灵机么？

第三节　各种差别

上文所述发展历程各时期的岁月，只是一般儿童的中心趋势。但个别差异很大，相差几个月是不足为异的。

语言能力和普通智力很有关系：智力高的儿童，语言的能力也有较高的趋势。话说得早的，大概是聪明的。不过这仅是就多数人的趋势而言，不可拘执这个标准，妄行评断个别的儿童。

许多研究，有一种一致的结果，便是女孩子说话的能力比男孩子高些。

父母的教育职业，家庭的社会地位和经济状况，和儿童语言也大有关系。地位优越的人家，子女语言发达较快；便是两群儿童智力相等时，也有区别。这谅必是因为家庭中语言的环境较好的缘故。

第四节　语言的教练和毛病

普通儿童说话，是不大用得着特别教练的。只要有充分机会听人说话，成熟程度到时，自然就会学说起来。如果所听的话都是正确明白的，儿童将来说出的话也自然是好的。所以成人的责任，只在于供给良好的语言环境。

语言的毛病，细分起来种类很多，现在只能举最常见的几种，略说几句。

（壹）学语迟晚

常态儿童语言发展的速率，个别差异很大，上文已曾说过。不可凡看见一个儿童说话进步和上面所说的岁月不符，便轻易断为“学语迟晚”。但如果相差太多，便成为一种缺陷了。

学语迟晚最常见的原因，是智力缺陷。假使原因果然在此，其他方面的行为，当然也必呈现低能的现象。不用文字的智力测验，可以帮助诊断（参看第十章）。

重听的儿童，听人家说话有困难，自己学说时当然吃亏。有些儿童，没有多少机会和善说话的人相处；所接触的，都是同样不大会说话的同伴，或竟没有同伴。这样的儿童，语言发展，自然落后。

再有少数儿童，父母爱护太过，事事揣摩他的意旨，伺候得十分周至。他只消用手势和几种简单的声音，就可以舒舒服服地享福，因此不觉得有说话的必要。对付这种儿童，如果故意让他觉得他的意思人家不懂，非说话不能满足他的需要，他便开始努力了。

（贰）发音不正确

不正确的发音，如刁嘴、漏音等，种类颇多。原因或是发音器官有缺陷，或是训练学习不适当：而以后者为多。这种毛病，应由专家诊断，施行系统的教练。

儿童初学说话，发音不正确是难免的。如果所听的话，都是声音正确的，自然越大越好起来。有些大人，以小儿发音不准确为好玩，和他说话时，故意学他错误的发音。于是弄假成真，害得儿童养成牢固的坏习惯，岂非荒谬之至。

（叁）口吃

口吃严格地说，并不是“语言”上的毛病，而是个心理卫生的问题。在本书末章中另有讨论。

【温习和讨论题目】

1. 语言在人类生活和文化上占什么地位？

2. 儿童真正语言发生以前，有什么先驱的发展？成人学习外国语或别处的方言的时候，能听懂的和能自说的，那一样较为进步？述说“发音游戏”发展的步骤，并讨论其重要性。

3. 真正语言大约在何时开始？最初语言在意义上有什么特色？在声音上有什么特色？什么叫作“单字句”？

4. 词类出现的先后如何？各种连词出现的先后如何？试说明其所以然。

5. 起初的“多字句”有什么特色？句子种类的进展如何？

6. 儿童的好问在心理上教育上有什么意义？

7. 假如一个儿童四足岁尚不能说话，应该施行何种检验？

【补充读物】

1. 沈有乾译述：《语言的发展》，《儿童教育》，六卷八、九期，五七至六一页。

2. 高觉敷译述：《语言病理学》，同上，一三六至一四三页。

3. 高觉敷：（介绍 J. Piaget 的研究数篇），《东方》，三十卷二号、四号、六号，民二二。

4. 同上：《儿童的字汇》，《中华教育界》，二十卷八期，民二二；《儿童对于语言的了解》，同上十期。

5. 黄翼、祝雨人：《儿童语言之功用》，《中华教育界》，二三卷七期，民二五，六九至九四页。

第十章　智慧的发展

第一节　智慧的意义

人的智慧有高下，这是大家都觉得的。至于“智慧”到底是什么，心理学到现在还不能给我们一个明确满意的定义。大概地说，智慧是心理活动的一般效率，特别是思想和学习的效率。聪明的人，思想比人灵敏；学习比人容易；事物的要点、关系和原则，能够看得透彻而正确；遇着新的情境，能够随机应变；因此他的行为，善能适应环境的情形，达到自己的目的。

智慧不是知识：知识是学习经验的结果；智慧是获得知识和利用知识的能力。在同样机会和经验之下，聪慧的人比愚笨的人所学的知识多。有同等知识时，聪慧的人也更能善用已有的知识，来应付新的需要。

第二节　智慧的测量

（壹）智慧测验（intelligence tests）

智慧测验，是估量个人智慧之高下的一种工具。现在通行的智慧测验，是法国人比奈（A. Binet）在一九〇五年所创，后来经过了许多人的修订改进；现在种类很多。尤其是在美国，最为发达。

智慧测验的内容，是许多题目，使受试者试答试做，看他答得对不对、做得好不好。下面是一些例子：

（一）说出自己的姓氏、性别、年岁等。

（二）说出所示一些东西的名称，如钥匙、小刀、钱钞等。

（三）计算所示若干铜圆的数目。

（四）辨别上午下午。

（五）辨别左右。

（六）描说一幅图画的内容。

（七）说明一些字的意义。

（八）“形板”：将一些形状不同的木块，分别嵌在一张木板上的凹洞里（参看缩小的图甲）。

图甲

（九）分析图形：将图乙中右边的几个方形一一划成左边的几小块。

（十）“迷宫”：从图丙中“起”处，画一条线到“止”处。

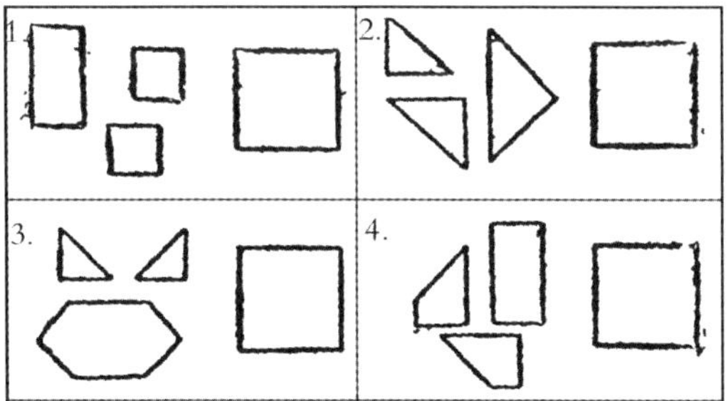

图乙

图丙

（十一）举出皇帝和总统的三个差别。

（十二）解释“进化”和“革命”的分别。

许多这类的试题，组成一套测验。施行测验的手续和评分的标准，都有严密的规定，使各受试者享受同等的机会，成绩可以互相比较。

测验有许多类别：用得着语言文字的叫作语文测验（language tests），不用语言文字的叫作作业测验（performance tests），一个一个儿童分别测验的叫作个别测验（individual tests），分发试卷许多人同时举行的叫作团体测验（group tests）。还有不分智慧和其他方面的能力程度的，可以泛称发展测验（developmental tests）。最适于幼儿之用的是个别作业测验和不限于智慧的发展测验。萧孝嵘译订的墨跋量表，属于前一类。奥国维也纳大学夏洛·卑勒（Ch. Bühler）编的婴儿发展测验，已有中文介绍。

（贰）表示智慧高低的方法

测验后表示成绩的方法，不止一种。最通行的是用“智慧分数”（intelligence score）、“智慧年龄”（mental age＝M. A.）及“智慧商数”（intelligence quotient＝I. Q.）来计算。受试者的全部测验所得的总分，称为“智慧分数”（下文简称“智分”）。编制测验时，将拟好的测验先试过许多儿童，求出各级实足年龄（chronological age＝C. A.，简称“实龄”）。儿童所得智分的平均，作为标准，称为“常模”（norm）。凡测量一个儿童，就拿他的智分和常模对照，看他的智分相当于实龄几岁的平均智分，这就是他的智慧年龄（简称“智龄”）。例如预先求得许多七岁四个月儿童智力的平均是十八分，这是常模。假如一个儿童受试结果得十八分，那么他的智龄便是七岁四个月。这意思是说他的成绩，相当于实龄七岁四个月的常态儿童。

得到一个儿童的智龄之后，对于他的智慧，还不算有了明确的概念。因为假使受试者实龄不到七岁四个月，而智龄竟有七岁四个月，可知他是比一般常态的儿童聪明；反之，假使受试者实龄已超过七岁四个月，而智龄却只有七岁四个月，便算是比较地愚笨的了。要表示这种关系，方法是用实足年龄去除智慧年龄，得到“智慧商数”（简称“智商”）。通行计算小数两位，再乘100，以免累赘。公式如下：

$$100\times\frac{\text{智龄}}{\text{实龄}}=\text{智商}$$

若儿童正好是中庸的资质，智龄和实龄相等，智商便恰是100；智商在100以上的是智龄超过实龄的聪慧儿童；智商在100以下的，是智龄不及实龄的中人以下之材了。

不过智商的概念，只可用于儿童，成人和将近成熟的青年，便不适用了。因为智慧到了青年期，便已成熟，停止增进，而实龄是一味增加的。若继续用实龄除智龄，过了成熟年限之后，智商必定一年一年减低，失却了原来的意义了。

第三节　智慧的差异

自智慧测验发明之后，用这种工具做的研究，不计其数。结果对于人类智慧差异的情形，贡献了不少资料。

(壹) 个别差异与智慧的分布

世上的人，近中庸的最多，愈近极端的上智下愚愈少。一般学童智商的分布，约如下表：

智　商	在全体儿童中之百分比
70以下	1
70—79	5
80—89	14
90—99	30
100—109	30
110—119	14
120—129	5
130以上	1

假如被试的人数很多，结果用曲线来表示，大概是个钟形，专门名称

叫作“常态分配曲线”(normal distribution curve),如下图。

常态分配曲线图

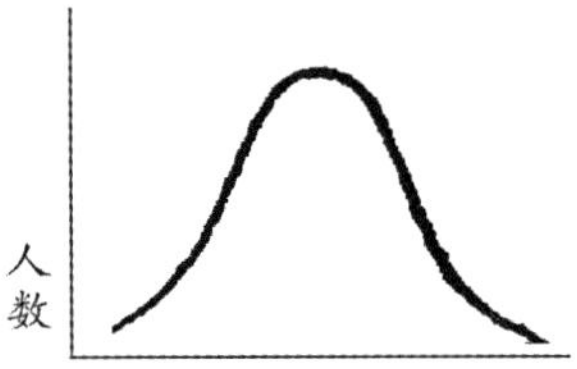

(贰) 超常与低能

从上述的事实,可知人不能依着智愚分成几个截然的类别。智慧的差异,自极下愚至极睿智,中间可以有无数级次。现在通行的办法,智商在一百二十九以上者称为“超常”(supernormal or genius);在七十以下者称为“低能”(subnormal or feeble-minded);居中者称为“常态”(normal)。但我们应该明了,这是为便利起见,勉强的分法。事实上超常、常态、低能之间,是没有天然的界限,而且每类中又各有许多高下的级次。

(叁) 男女差异

从古以来有一种成见,以为女子的智慧不及男子。近年测验的结果,证明这是错误的。男女的普通智慧,平均是不相上下的。

不过有几种特别的能力,略有差别:常识、数字和用手用器械的技艺,男常优于女;记忆和语言文字的能力,女常优于男。但差别都有限。

有史以来,在思想学问上成名的人物,男子远多于女子。不过这种事实,仍不足以证明女子的能力根本不及男子。固为历来女子所享受的教育、阅历以及参加各种需要高等智慧的事业的机会,均远不及男子。社会的风尚,对于女子,也不期望她们在理智方面有大成就。所以事实上女子的成绩就差了。

(肆) 亲属与家庭状况

儿童的智慧和他的血亲的智慧,有连带的关系。亲属智慧高的,儿童智慧也有高的趋向;亲属智慧低的,儿童的智慧也是低的居多。血统越相近,则相似越甚。

所谓“家庭状况”,系指家长的职业、入款、社会地位以及家庭中物质的和文化的设备等项而言。家长的职业越“高等”,越是劳心而不劳力的,家庭的境况设备越好,则儿童智慧平均也越高。

家属的智慧和家庭状况是有连带关系的。所以本段所述事实，不能证明智慧是环境还是遗传独力所造成：事实上必是两个因素会合的结果。

第四节　智慧的发展

比奈用智慧年龄来表示智慧的程度，根本的假定是：智慧是随着年龄而增进的。但如果追问智慧发展的详确情形怎么样，问题便不容易答复了。主要的原因是：研究这类问题，只能用智慧测验为工具，将智慧分数增加的情形，代表智慧发展的情形。但是现在的智慧测验，不是完善无疵的工具。测验的分数，不止单纯地靠被试者智慧实况而决定，多少还受所用测验的特殊内容和构造的影响。因此用不同测验求得的发展曲线，可以互有不同，难以断定那一个最足以表示智慧发展的真实状况。

根本而论，现在通行的智慧测验都是许多性质不同的试题并合而成。各种试题所试的心理作用，各各不同。各种心理作用发展的情况，谅必也各各不同。一种测验所包含各种试题分量的多寡，又没有什么不易的道理，可作根据，多少带着盲试的性质。所以并合的总曲线的情形，也带着碰巧的成分。

我们了解这些原理上困难之后，不妨将发展的各问题依次略为讨论。

（壹）智慧发展的起点

这个问题的意义是：智慧刚刚等于零时是在什么时候？关于这问题，没有多少实际的实验资料，只有一些不很可靠的推论，在这里可以不用详细叙说。大概地说，智慧的起点，或是在初生时，或是在受胎时，或是在这两者之间。

（贰）智慧发展的终点

一个比较地重要的问题是：智慧什么时候停止增进呢？一个人“活到老，学到老”，知识经验的增加，是没有止期的。至于学习和运思的能力，在儿童时虽然一年比一年好，长成以后，就不见得还在长进了。到了老年，心力反渐见衰退。可知智慧的发展，有个成熟的时候。现在的问题是：智慧什么时候成熟呢？

因为上述方法上的困难，这个问题也没有满意的解决。但一般研究的趋势，可以给我们两条结论：（甲）智慧的发展，不是一旦突然停止的，将近成熟那几年，发展速率逐渐减慢，渐渐至于停止。（乙）停止的年龄，用各种测验所得的结果，各各不同，大概在十五岁至二十岁之间，最好的估量，可说是十八岁。

（叁）智慧发展全程速率的变迁

智慧将近成熟时，发展速率渐减，这一点是大家公认的。至于发展的初段中段，情形如何，研究者意见分歧，莫衷一是。主要的主张有三种：

（甲）一种说法是，速率递减是全程普遍的趋势。初受胎后发展最速，渐长渐慢，至于停止，构成“对数曲线”（logarithmic curve），如图甲。

（乙）再一种说法是，发展的初段，速率是一致的，成一直线。到了某种年限（约十岁）速率开始减少，如图乙。

（丙）又有人主张，从零点起，速率是渐增的；中段几乎成直线；十岁十一岁以后，开始渐减。曲线全部，略如S形，如图丙。

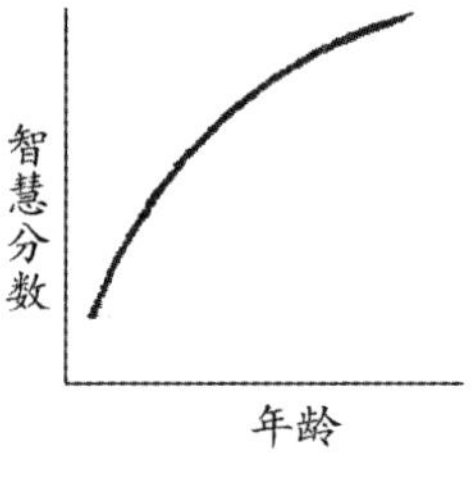

图甲

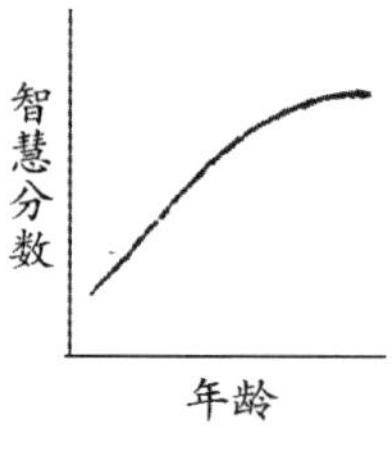

图乙

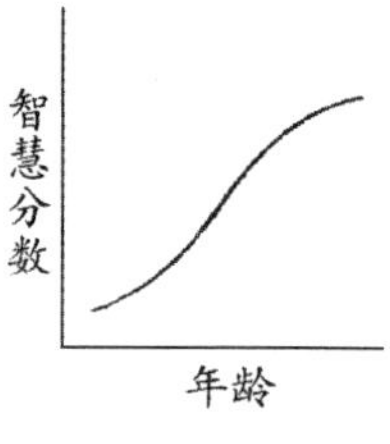

图丙

以上三说，孰是孰非，尚无定论。但十岁十一岁以前，发展速率高于十岁十一岁以后，似乎可以认为是成立的结论。

第五节　智慧与教育

（壹）智慧与班级教育

学童学业的优劣，和他的智慧有很大的关系，这是显而易见的事实。

一班中的儿童，教材、教法、练习的机会，个个相同；聪明的儿童早已懂了会了，甚至于过熟而厌烦了，愚钝的儿童也许还在那里莫名其妙。如果，执定一种教学方法，一种成绩标准，来对付一切儿童，结果，聪慧的不能充分发挥他们的天才，而愚笨的望尘莫及，也不能得到好处。在现在班级制度之下，如何使教育适合个人的能力，是一个大问题。有几种办法，都是为解决这个问题而生的：

（甲）超常和低能的儿童各自分设特别班，与常态儿童分开教授。在十分低能的，这是唯一的办法，或者竟有设立特别学校之必要。

（乙）仍旧合班教授，但超常的额外给予补充工作，愚钝的降低工作的额量和标准。

（丙）高才生在假中给予补习的机会，让他跳过一级。

（丁）打破分年合班的制度，规定每年级应有的工作，各人分开自己做去。凡做满规定成绩，随时便可升级卒业。

以上诸法，各有利弊，不是这里所得细论的了。

（贰）智慧与学业指导

学校功课，一级比一级高深。智慧不及的学生，早晚不免受淘汰。所以越高年级的儿童，越是经过精选的，智商平均也越高。假使能力实在不及而勉强进入高级学校，纵然进得去，将来工作，也不免疲于奔命，或竟终于失败。反之，如果有充分天才，而没有深造的机会，又是很可惜的。所以儿童学业的计划，应该根据智慧的情形，加以适当的指导。

我们当然不是说一切专赖智慧；一个人的志向、情性、习惯、道德、健康等等，对于他的学业和其他的成就，也有很大的支配力。智慧较低的人，假如兴趣浓厚，努力不倦，结局成绩，或者可以胜过较聪明而无毅力的同伴。便是能力始终不是出色的人，如果人格高尚，做事认真，也可以更加得人敬爱。不过智慧终究是影响一个人的成功的一个重要条件。

（叁）智慧与品行性格

儿童的智慧，可以直接或间接地对于他的品行性格和心理的健康，发生很大的影响，这是个“心理卫生”的问题，我们在第十五章中另行讨论。

【温习和讨论题目】

1. 什么是智慧？

2. 智慧测验有那几种类？那一种最合于幼儿学校之用？什么叫作“智慧分数”？“智慧年龄”？“智慧商数”？什么叫作“超常”“低能”？

3. 有人说世上人愚笨的多，聪慧的少，此语确否？历来名人，男多女少，是否足证男子智慧胜过女子？

4. 智慧发展的起点大约在何时？终点在何时？智慧发展全程的曲线是什么形状？答复这些问题，有什么原理上的困难？

5. 学校班级教育有什么弊病？如何补救？学业成绩是否全靠智慧？

【补充读物】

1. 谢循初译：《吴伟士心理学》，中华，第二章。

2. 陈選善译述：《智力生长的测量》，《儿童教育》，六卷八、九期，五〇至五六页。

3. 高君珊译述：《天才儿》，同上，一五七至一六四页。

4. 吴南轩译述：《低能儿童》，同上，一六五至一七三页。

5. 董任坚、傅统先：《儿童发育测验，自出生至六七岁》（介绍夏洛·卑勒所编），《儿童教育》，七卷十期，七至四三页。

6. 萧孝嵘：《墨跛测验》，商务。

7. 沈有乾：《教育心理学》，正中，第七、八、九章。

第十一章 社会行为的发展

第一节 人类行为的社会性

本章所谓“社会”，是广义的，概指一切人与人的关系而言。

人是社会化的动物，一切生活行为，无论衣饰、礼貌、语言、思想、嗜好、道德，无一不彻底受社会的支配。儿童发展最重要的一方面，便是行为的社会化。他的饮食起居，要按着社会习惯的仪式去做；他的举止行动，要适合社会是非善恶的标准；他待人接物，要有适当的态度习惯，然后和别人同居合作，能够彼此获得满足。他的社会生活适当与否，是他的幸福和心理健康的关键。

第二节　社会行为发展的层次

（壹）婴儿期社会行为的发展

（甲）最初的社会兴趣

初生儿是没有社会行为的，他对于他人的反应和对于物理刺激的反应，完全没有区别。但别人不断地供给他社会的刺激，尤其是母亲周至亲密的爱护，使他很快地便开始社会化了。

在一两星期时，抱他起来，已经有使他恬静的效力。满月后，母亲的声音，可使他暂时止哭。人面比别种刺激更能够引起他注视。两个月的婴孩，社会性就很发达了：他能够转移他的头，来和你对看，看时脸上有凝神注意的表情。人在他面前走动，他的眼睛会跟着你动。他注意人的声音，且会移动他的头向着声音的来源。最动人的，是他开始会对人笑了。详细的实验，发现最善于引起二三个月婴儿笑的刺激是人的脸孔：假如你对着他笑，同时唇舌做点声音，大多数常态的婴儿，总会还敬你一个天真烂漫的美笑，或者还加一点 ngu-ngu 等声音。你走开时，他脸上会浮出若有所失的容貌，也许略有寻觅的动作。

（乙）哭的社会化

诞生时的啼哭，是婴儿开始独立呼吸，肺部初次展开：纯粹是生理的反射。其次，哭是痛苦的自然表示，也没有社会的意义：婴儿饥、渴、尿湿以及有别种不舒适的时候，便放声啼哭，直至痛苦解除为止。但不久之间，屡次得到别人照料他的需要经验之后，哭便获得新的涵义了。这时他可以希望人来照应他而哭，又可以因为觉得人来了，而预先止哭。这种哭可以说是一种呼吁或申诉，有很显明的社会功用了。

（丙）认人和辨别容色

三四个月的婴儿，对于母亲的态度和对于别人，显然不同；我们可以说他“认识”了母亲了。起初婴儿对于一切人的反应，都是欢迎的注视和笑。四个月时，有些婴孩，看见生人，面容就严肃起来。到了七八个月，除非是特别大胆老到的，对于生人就要发生躲避畏惧的反应了。

关于婴儿辨别他人表情的能力，有人做过这样的一个实验：对着婴儿做一次笑脸，一次怒脸；一次招呼的手势，一次威吓的手势；一次慈爱的声音，一次叱骂的声音。结果四个月以下的婴儿，反应都是笑；五个月至七个月的，脸上的反应和刺激相称；八个月至十二个月的，对于怒骂威吓的表情，起先迟疑一下，随后也是笑，因为看穿了试验者是在装做。从这个实验，可知辨别表情是五个月至七个月左右开始。

（丁）更积极的社会行为

第一年的下半，婴儿和别人的关系，日益积极而密切。他会伸出两臂，高兴地喊着，来欢迎母亲。他喜欢和人做种种简单的游戏，例如交替地蒙住眼睛假装躲藏起来，然后忽然抬头相对一看而笑，等等。他会用声音或动作刺激别人，引人注意理会他。把两个婴儿放在一处时，他们会互相引诱、接触，攘夺或让与玩具。他不但感受别人的影响而且要影响别人。

这下半年又是模仿开始发达的时候。起初仅可以模仿发音和简单的动作，如撮唇、皱额、拍掌之类。后来渐进而模仿支配外物的动作，如开阖书本、摇铃、敲小鼓等。起初又是仅能模仿当时看见的活动；后来可以看时并无动作，久后忽然照样做出来。

（贰）幼儿期社会行为的发展

（甲）模仿的社会化（imitative socialization）

刻尔克巴特利克（E. A. Kirkpatrick）称一岁至三岁为模仿的社会化时期。这句考语，颇为切当。在这时期中，幼儿和别人的关系，日益繁复与深切。他学会了语言，便把握住了社交无上的利器。他富于模仿性和受暗示性，很可教他接纳别人无形的示范和有意的指导，努力学习一切。他的日常生活——饮食、睡眠、排泄等——在这时期中学会了按照社会习惯的方式去做。他对于别人的生活，了解日益深切，并且喜欢作戏剧式的游戏，摹拟成人种种活动，似乎刻意在那样体会其况味。三岁的孩儿，是个彻底受同化的“人”了。

（乙）个性的发展（individualization）

和社会化表面上似乎相反，而实是并行不悖的，是个性的发展。刻尔克巴特利克以为这是幼儿期下半（三岁至六岁）的特色。这时儿童不仅接受他人的影响而已，在行为上和意识中，“自我”开始呈露了。他明白地认识了人己的区别，有了“我”的自觉了。他有自己的意志，明显地要这样，不要那样；因此常常和成人或其他儿童发生争执，不像前时期那么驯顺了。他喜欢贬抑别人，夸扬自己。他喜欢试验和显示自己的能力；许多事情，如洗脸、穿衣、吃饭等，都喜欢自己做。他的思想，也是“自我中心”的：凡事总是以自己为参照点，从对于自己有什么影响关系着想。这种态度，虽然好像自大自私，但事实上并没有道德上的意义。一个人要成为一个独立自重的个体，在人群占一分子的地位，不能不经过这一步的发展。

（丙）个人的关系和团体的关系

“社会关系”有两种意义：一是个人与个人的关系，一是个人与团体的关系。团体是包含许多个人的单元，如家庭、学校、班级、朋党等，幼儿只有个人的关系而无团体的概念。他爱这个人，怕那个人，和这个人玩耍，和那个人吵架，都是具体的个人。至于了解团体的实在性，觉得自己是其中的一分子，对它有忠爱的心情，这种社会态度，要到小学时期才有。

以上所说，是幼儿期社会发展的一般特点。但幼儿实际社会生活，是在家庭和培育院、幼稚园中过的，现在分别略加评论。

（丁）家庭中的社会关系

家庭是人生第一次遇到的社会环境，我们的社会习惯和态度，在这里奠下第一层的基础。家庭关系的情形，对于我们一生的社会行为，有莫大的影响。

一般家庭，和儿童关系最密切的当然是母亲。其次是父亲和兄弟姊妹，或者还有祖父母、其他亲属及男女佣人等。在我国有许多中产以上的人家，将儿童委交佣媪照管，佣媪对于儿童，有许多地方实已替代了母亲的位置。在一夫多妻及“大家庭”的制度之下，妻妾妯娌和各人的子女，各方面的关系，常常异常复杂；儿童的社会环境，也同样地一言难尽。

父母爱子，是最显然的事实。儿童感受这种待遇，对于父母也发生亲密孺依的情感，这是很自然的趋势。这种爱的关系，自古以来，是受称颂推崇。但自科学的客观的态度看起来，所谓“天伦之爱”，并不是亲子间唯一可能的关系。

婴儿柔弱无能，一切所需，非赖父母供应，不能存活。稍长之后，一切行为上知识上的问题，又莫不赖父母的指导帮助而得到解决。所以起初儿童依赖父母，是不可避免的现象。发展的归宿，在乎产生独立的个人；儿童应该依着能力成熟的程度，逐渐脱离依赖的状态。无如许多父母，因为溺爱之故，侍奉保护，远过于需要的年龄和程度，于是儿童依赖成性，不能获得常态的发展。

儿童不但需要保护供给，而且需要训练教育。有些不适当的行为，父母禁止他不要做；有些应该做的事情，父母敦促他要做。在这个历程之中，亲子间可以演出各种样式的关系。有的父母督责太严，使儿童发生畏惧或仇恨的态度。有的纵容姑息，事事唯儿童之命是听；于是儿童肆意所欲，利用哭吵等类方法，来要挟控制父母。有的父亲有意教训，而母亲祖母等宠爱放任，与儿童联合来欺瞒抵抗父亲，使儿童得以巧妙地从中取利。此外有的儿童崇拜父母，想模仿他们；有的亲子间的关系，带着性爱的色彩；有的儿童觉得父亲攘夺母亲对他的爱，怀着嫉妒之心：种种可能，都有左右儿童发展的效力。

兄弟姊妹之间，理想的关系当然是做友爱的游伴；但事实上同样地可以有他种关系。妒忌是很常见的一种，特别是父母有所偏爱，或过于专注新生弟妹，而忽略其兄姊的时候。有时候大的恃智恃力，欺压小的；或是小的恃宠恃弱，挟制大的。种种暗潮，大人未必觉察；觉察时亦容易以为小孩子家事情，无关重要。那知成人以为无关重要的，在儿童却是幸福的关头，性格形成的开端。

（戊）幼儿学校中的社会关系

近年来有许多关于未届学龄儿童的社会行为的研究，是在培育院、幼稚园中做系统的观察。近代这些幼儿学校，上课的形式，减少到最低限度，儿童大部分时间，是在自由状态之下活动，可以随意和同伴交往。这些研究的重要问题是：在这样自由聚散的情形之下，幼儿的社会行为是怎样的？

在此时期中，幼儿的社会性是与年龄俱进的。两岁的儿童，独自一个玩弄玩具，不理别人的，数见不鲜；年龄越大的，孤独的就越少。共玩时群的人数也有随着年龄而增多的趋势：一两岁的儿童，一时只能和一个同伴接触；五六岁的，一群中可以有四五个了。但在整个幼儿期中，最常见的还是两三个人的小聚合。幼儿的聚合，很靠当时的情境，十分恒性的友谊是例外的。不过男孩子和男孩子玩、女孩子和女孩子玩的时候多：这种两性分开的趋向，自两岁以上就日益显著了。

最小的幼儿，虽然欢喜有同伴，但大都还是各人做各人的事，各不相谋。便是同玩时也是平行地大家做同样的事，如和声同唱一个调子，协齐踏步舞蹈等。三岁以后，才渐多分工合作的游戏，可以各人做不同的事情而互相关照。

（叁）后儿童期的社会发展

有机会进幼儿学校的，在儿童中到底占极少数。入小学校的六七岁儿童，大多数是第一次从家庭走到较大的环境中去。在这里他遇到许多人，得到较宽广复杂的社会接触。

社会性在小学时期得到充分的发展。群的生活对于学童是一种绝对的需要。孤独在两岁的幼儿是不足以为奇的常事，但在小学儿童便是例外的、应当注意的心理健康问题了。这时儿童自由组合的能力，益有进展。中高级部的儿童，常常在小领袖指挥之下，结为朋党。此时团体的观念，已经发达：为团体的利益或规律，牺牲个人的便利，是办得到的。小学儿童的游戏，已由合作的更进而为竞赛的：他们喜欢在预定的或临时约定的规则的约制之下，做各种技艺或体力的比赛，所以称为“竞赛的社会化”（competitive socialization）时期。不过这时大都是个人与个人的竞赛，团体间的竞赛要到青年期才充分发达。两性间的分裂，亦以此期为最。到了近青年期，才因为性的兴趣的发达，有互相吸诱的现象。

第三节　社会行为的个别差异和训练

儿童的社会行为和态度，个个不同。试观察一群幼儿学校的儿童，便可看见其中有的退缩自觉，有的乐群广交；有的和悦可亲，有的粗犷凌人；有的独立自助，有的依赖成人；有的时常居于领袖地位，有的惯受别人的领导……这种社会行为上的特点或偏向，是一个儿童的“性格”(personality)的重要成分。所谓“品行”，所谓“心理健康”，大部分无非是一个人对于社会环境的情感态度适当与否的问题。在以下几章中，还有更详尽的讨论。

儿童的社会性格，是先天和后天的因素会合产生的结果。据夏洛·卑勒（Ch. Bühler）的研究，八个月至十二个月的婴儿，已有社会性的差别：这种事实，似乎很表示先天的因素。但从教育的观点看来，后天经验的影响，更加值得我们注意。家庭中亲子间和兄弟姊妹间的关系，最是养成基本社会态度的原因，上文已经说及。许多儿童行为的问题，原因根本在乎家庭关系不良好。一般人不但对于这个关系，没有充分的了解，而且因为当局者迷的缘故，自己也不容易看出毛病所在。所以很需要专家的研究指导，将不良好的社会关系加以调整，然后能够矫正儿童社会行为发展的方向。

近代的幼儿学校，一种主要的目标，是在受过专门训练的教师指导之下，使儿童和一群年龄相近、地位平行的同伴，过共同的生活；使他获得种种社交的经验，学得做人的技术。如果他待人家好，人家也待他好；如果他动辄侵犯撮弄人，别人就不喜欢他。用强力去抢夺别人正在使用的东西时，大概要遇到顽强的抵抗；如果好好地商量，反容易使人情愿让与。两人争一样东西，双方坚持不让，结果彼此都没得用；不如轮流或一块儿来。这种无价的“群德”，这种社交上的真实“学问”，幼儿在实地摩搓中，亲切深刻地领略了。不比圣贤垂训的格言、长上颁布的命令，是外来的，纵然能够消极遵守，也不是真正的“道德”。已经有几个研究，证实儿童经过幼儿学校的训练之后，孤独、羞缩、自私和侵略别人的行为减少，乐群、同情、合作、顾念别人的行为增多。这种社会性格的训练，可以说是幼儿学校最大的效用。

【温习和讨论题目】

1. 试述儿童自初生至近青年期，对大人的社会行为的演变，对于别的儿童的社会行为的演变。

2. 婴儿最初的社会兴趣如何表现？当时的模仿和隔时的模仿，孰难孰易？试说明其理由。什么叫作“模仿的社会化时期”？“个性发展时期”？“竞赛的社会化时期”？

3. 家庭关系对于儿童的性格有什么影响？幼儿学校对于儿童社会性的发展，有什么重要的责任？

【补充读物】

1. 吴泽霖译述：《儿童的社会行为》，《儿童教育》，六卷八、九期合刊，六一至六四页。

2. 陈锡恩译：《父母与子女的关系》，《教育杂志》，廿六卷三号，民廿五。

3. 冯邦彦译述：《母亲的爱之危害》，《教育杂志》，廿六卷一号。

第十二章　情绪的发展

第一节　情绪的性质

惧怕、忿怒、喜悦、诧异、悲伤、忧虑、得意、沮丧、愧赧等类反应，叫作“情绪”(emotions)。情绪不是平和、冷静、安详的状态，而是一些纷扰、激动、兴奋、紧张的状态。我们发生情绪时，不仅是“心里”觉得而已，外面常常呈现“表情”的活动，身体内部尤有许多生理的变化。例如愤怒时面红、气喘、切齿、握拳，这是显而易见的表情。此外“交感神经系”(sympathetic nervous system)活动增加，使肾上腺(adrenal gland)分泌亢进，消化停滞，脉搏加速，筋肉和皮肤的血管涨大，肝脏输入血液中的糖质加多，损伤时流血容易凝结而停止。假如发生争斗的行为，这些生理变化是很有帮助的。

凡情绪又大都包含着要做某种行为的冲动。譬如愤怒，便有要摧毁攻击那激怒我们的人物的趋向；惧怕，便有要躲避危害的来源的趋向；诧异，是对于那出我们意料之外的事物，一时尚不知如何应付，一面要视察得更仔细一点，一面要找个适当的反应。这些状态都有引起外表行为的效力，和下章讨论的“需欲”“动机”有不可分割的关系。

儿童情绪的发展，可分四方面叙述：(一)各种情绪的分化；(二)什么情境引起什么情绪的变迁；(三)发生情绪时表现方式的演变；(四)“情感”(sentiments)的养成。现在分节讨论。

第二节　情绪种类的分化

成人和较大儿童的情绪，种类甚多，各具特点。这是发展分化的产品，并非从头具备。初生儿的情绪，据最近研究，是很笼统不分的；可以辨别的样式，极为有限。射曼(Sherman)用四种情境试验初生期的婴儿：(一)针刺；(二)过时不喂食；(三)束缚手足的运动；(四)使在空中骤然下坠。一面叫一些学医学、看护学和心理学的大学生观察婴儿的反应，说出所表现的是什么情绪。结果婴儿一律是号啕大哭。观察者如果不预先知道刺激的种类，专看婴儿，便无法辨别表现的是痛、饥饿、愤怒还是惧怕。

各种可辨识的情绪表现，是逐渐分化的结果。据布利哲士(K. M. B. Bridges)说，初生儿只有“兴奋”(excitement)和“恬静”(quiescence)

两种状态。饱暖无事的时候，呈现安静、舒弛的状态；受到强烈的刺激时，呈现兴奋、活动增加的状态。第一步的发展是从兴奋分化出“苦恼”（distress）和“怡悦”（delight）的情绪。苦恼发现最早（一个月以内），是对于痛、饿和其他不舒适的情境的普遍反应，表现方式是哭、脸红、筋肉紧张、掣动的蹬踢等。怡悦发生较迟（约三个月），是身体的需要得到满足，或是有人逗着玩时的反应；表情是笑（无声的）、深长的吸气、略有节奏的运动等。

从苦恼分化出“愤怒”“惧怕”“厌恶”和“妒忌”。从怡悦产生“得意”“爱”和“快乐”。

三四个月的婴儿，欲望受阻不得满足时（例如预期的喂食延宕不到），可以发生“愤怒”（anger）。此时最普通的行为是大声叫哭，两脚用力撑踢。至于攻击的行为，却要一岁多才能有。

五六个月时，婴儿看见生人会停止动作，身体僵木，瞠目注视——这是“惧怕”情绪（fear）的雏形。将近一岁的婴儿就要哭或躲避了。

“厌恶”（disgust）的表情，约在同时发生，例如唾出不喜吃的东西。

“得意”（elation）在七个月以后可以常常看见。婴儿做了一件事情自觉成功，或被人称赞时，便喜欢一再重复，引诱人家注意，洋洋自得。

最初的“爱”（affection）的行为是成人先对他有慈爱的表示，他才有所答报。八个月的婴儿对于成人的抚爱，会有昵就的反应。自动对成人表示情爱，却要十二个月才有。对于别的儿童表示感情，还要再迟三两个月。

“妒忌”（jealousy）的表现——例如看见大人抱另一个儿童，就争着也要抱，或竟动手推开他——大约一岁半时开始。

所谓“快乐”（joy）是比怡悦更积极而兴奋的情绪。据布利哲士说要一岁多方才明显。

这种重要的研究，近年方才开始，可靠的材料尚少。上面的叙述，尤其在年月方面，将来不免有修改的必要，未可视为最后的定论。较大儿童其他情绪的分化，更难作简要的叙述。不过分化历程，原则如此，大概是没有大错误的。

第三节　情绪和情境关系的变迁

旧说以为某种刺激，引起某种情绪，是固定的。例如束缚婴儿运动的自由，反应是愤怒；骤发大声或身体骤然下坠，反应是震惊。但近来的研究证明事实没有这么简单。假使儿童事先有准备，响声不一定引起惊恐。施行刺激的人，是个陌生人还是个儿童所信靠的熟人；试验的地方，是自己的家里，还是生疏的实验室：结果大有分别。可知引起情绪的有效条件，不是一个单独的“刺激”，而是整个的情境。

儿童年龄和发展程度不同，同样情境所引起的情绪，可以迥不相同。反之，引起同样情绪的情境，也随着发展情形而改变。且举几个实验为例。

仲司夫妇（H. E. & M. C. Jones）将一条无毒去牙的蛇放在一只提箱里，让各种年龄的被试者去开看。结果两岁至两岁半的儿童，毫无惧怕的表示；三岁至三岁半的，也没有多少特异的反应；四岁以上的儿童，就显然发生躲避的行为了；成人惧怕的情绪，更为强烈。怕蛇显然需要相当的成熟程度。

泽西尔德和荷姆斯（A. T. Jersild & F. B. Holmes）调查儿童惧怕的对象，结论是：年龄愈大，因为具体的、实在的外物而起的惧怕愈少，因为想象的、神怪的、预料的危险而起的惧怕愈多。这个和想象能力的发达，大有关系。

提星额（W. S. Dysinger）和拉克密克（C. A. Ruckmick）研究九岁儿童、十六岁青年和成人对于电影的情绪反应。结果，对男女情爱和争斗的表演，十六岁的被试者的情绪反应最为剧烈。

这种变迁，我们从日常观察，也可以得到无数例证。许多小时害怕的东西，如狗、生人、黑暗等，大了就不怕了。小时得了一包糖果，可以引起无上快乐，长大了就冷淡了。十几岁的女子，以衣饰不入时为最难忍受的羞耻，婴儿和老媪就漠然无动于衷。小时以为乞丐是可怕的，大了就觉得他们是可怜。这是情绪发展的一个重要方面。

第四节　情绪反应方式的演进

婴儿的情绪，不发则已，一发总是来势强烈，不能自制，全部身心，都受这不可遏抑的威力所支配。外表的行为，只是散漫兴奋的表情，缺乏改善情境的功效。但时间不能持久，往往满面泪痕，已经破涕为笑。

古纳夫（F. C. Goodenough）研究各级年龄儿童愤怒的反应。婴儿大概是叫哭，两足猛力撑踢，背脊挺硬或向后弯曲等等。会走路的幼儿，也许站着顿足、跳踉，或躺在地上两足轮踢地板，或忍闭呼吸至于面色青紫。年龄渐大，这种凶猛的"出气"的表现渐少，有效的攻击和报复的行为渐多。更大则损害他人身体的暴动又渐少，诟骂、讥诮和用别种方法来中伤别人的情感的反应又渐多。而且一经生气之后，较容易延长时间，成为愤懑的状态，或竟蓄怨怀恨，久久不释。像幼婴，怒气一消，立刻雨过天晴，不留云翳。

再譬如惧怕：幼稚的反应是哭、震跳、身体僵硬、睁大眼睛瞪视、慌乱张皇、手足无措；较高级的行为是逃跑躲避、预先避免所怕的情境等。总之，亦是由散漫的表情，进而为有效的适应。

第五节　情感的养成

我们因为经验的结果，对于种种人物情事，养成一些发生某种情绪反应的倾向，心理学称之为"情感"（sentiments）或"情绪的态度"（emotional attitudes）。"爱"是一个好例。我们爱一个人时，他在眼前就觉得快乐；他不在时就常常想念他；他受了委屈，我们就替他生气；他遇了危难，我们就为他担心：反应的性质，视情形而不同，但都是"爱"的表现。"恨"也是一种"情感"。我们恨侵略我们的敌人，所以情愿牺牲财产、血汗和性命来抵抗，所以要教育我们的儿童，使子子孙孙，毋忘国仇。同样地，对于某对象的“好”“恶”“孝”“敬”“妒忌”“藐视”“讨厌”“畏惧”等等态度，都是比较地永固的“情感”，能够在适当情境之下，引起各种富情绪色彩的行为。

情感可以自己为目标。一个人对自己可以养成“自爱”“自重”“自信”的良好态度，也可以养成“自大”“自是”的不幸的态度。有许多人深切地觉到自己的缺陷，或失败，怀着“自卑之感”（inferiority feeling）。这种态度对于他的行为，有很大的影响。

情绪的态度，又不一定以具体的人物为对象。艺术、学问、宗教、道德，都可以成为情感的目标。孔子好学，至于“发愤忘食，乐以忘忧，不知老之将至”。西洋史告诉我们，宗教的信仰，可以使人赴汤蹈火去“殉道”，可以引起数十百年的十字军和宗教战争。对于美德的钦仰和对于恶行的憎恶——所谓“如恶恶臭，如好好色”——是高尚的人格品行的基本。

儿童从很小开始就渐渐对于环境中的人物，养成种种情感。许多情感，是由具体的经验获得的。慈母的乳哺爱护，使他发生恋赖的态度。奶瓶、玩具、兄弟、姊妹，给他各种快意不快意的经验，早晚都成了某种具体情感的对象。假使父亲教训太严，他就不免产生畏惧的情感。假使学校生活太枯燥无味，他就厌恶学校。别人的榜样暗示，又是造成情绪的态度的大原因。儿童对于黑暗，大概起先都是不怕的，后来看见别人对于黑暗，总是疑鬼疑神，也就害怕起来。大多数儿童，对于鱼肝油的气味，并不厌恶。因为大人说起鱼肝油，总是皱眉缩鼻，说许多消极的话，于是也就不肯吃了。同样地儿童常常听见适当的鼓励，就养成自重自信之心；常常受人责骂讥笑，就养成自卑之感。小学生并不一定身受日本人和汉奸的压迫，但从教师同学的暗示教训，就晓得恨日本人，贱视卖国贼。对于道德标准的态度，尤赖成人的暗示（参看第十四章）。

情感是支配吾人行为的重要因素。儿童训练的一个主要目标，就在培养适宜良好的情绪的态度。

第六节 情绪的训练

适当的情绪反应，又是健全人格的必要条件。许多不良好的行为和性情上的毛病，是因为情绪的生活不得其当而起。“心理卫生”的主要工作，就在情绪的训练。这个问题，在以后诸章中再加细论。

【温习和讨论题目】

1. 情绪反应的特点何在？情绪和行为有什么关系？

2. 将第二节所述情绪种类分化的历程和第四章的发展公律，互相比较。你幼时曾经怕些什么？现在还怕么？有没有什么东西或情境，小时不怕，现在反而怕的？

3. 古书上说“庸夫之怒”是“披发徒跣，以头抢地”，“士之怒”是“伏尸二人，流血五步”（《战国策·唐雎说秦王》），试从心理学的观点讨论这两种反应的不同。

4. 情感是什么？如何养成？如何支配我们的行为？

【补充读物】

1. 谢循初译，吴伟士著：《心理学》，中华，第七章。

2. 刘延陵译，麦铎格著：《社会心理学绪论》，商务，一九二三，上册，第六章。

3. 唐擘黄译述：《情绪的发展》，《儿童教育》，六卷七、八、九期，四五至四九页。

4. 高觉敷：《儿童的情绪及其教育》，《中华教育界》，廿三卷七期，民廿五，五九至六四页。

5. 沈有乾：《教育心理》，正中，民二十四，第五章。

第十三章　需欲的发展与控制

第一节　总论

人和其他动物的行为，都是因为有所需欲而起。试看一个初生儿，吃了奶换了干布之后，便一直睡着。这时他没有什么需要欲望，也就没有什么行为。及至肠胃渐渐空虚，觉得饥饿，便渐渐睡不安稳，渐渐活动增加，如果不去喂他，必定越来越兴奋紧张，呱呱大哭，非至给他奶吃不停。一经喂饱，就自动停止吮吸，全身呈现松弛舒适的状态，又安安贴贴地睡熟了。

许多行为，乍看似乎是因为外物的刺激而引起。但外物有这种效力时，必是因为它适合动物固有的需欲，或能够引起某种需欲，否则仍不能产生反应。将乳头放在婴儿口中，如果他饥饿，便会发生吮吸的行为；如果刚刚吃饱，就要回避了。幼儿遇见恶狗，惊哭躲避，那也是因为儿童原有逃避危害的需求。反之，有所需欲而用得着某种外物时，虽然眼前没有，动物也会努力去寻求的。儿童讨东西吃，或拿着所做的手工找人炫示，可以为例。

需欲和情绪，有极密切的关系，上章已经略为提及。许多情绪，只是有所需欲时的反应：例如惧怕的情绪，是需要躲避危害时的兴奋状态；婴儿饥时的啼哭，是需要食物的情绪表现。凡一种需欲越强烈迫切，则反应越紧张兴奋，越具有情绪的色彩。如因外界的阻碍，或和别种需欲互相冲突，不能顺遂得到满足，则更容易引起情绪的状态。需欲得到满足时，我们就感到喜悦；遇了挫折，就感到沮丧，又都是情绪的反应。所以在心理学中，“情”和“欲”实是分拆不开的问题。

需欲有两大类，一是积极的，唤起趋就追求的行为；一是消极的，引起逃避摒拒的行为。儿童因为有这两类需欲的缘故，他的环境中的人物，对于他不是中性的，而有种种诱拒的力量。香甜的糖果，新奇的玩具，慈爱的妈妈，年龄相近的友伴，对于他是有吸诱力的。苦味的汤药，凶狠的先生，牙医的拔牙钳，同伴的讥笑，对于他是有排拒力的。儿童任何一时的行为，靠着当场环境人物的诱拒势力的分布而决定。

假使儿童对于这些事物的反应态度，不限于一时，而是惯性的，继续潜在的，便可以说他对它们已经养成某种情感或情绪的态度了（参看上章）。情感之养成，是一个人的需欲情绪，获得固定的方向或对象。儿童恨某人，怕某事，喜欢某物，对自己态度如何，是支配他的行为常在的因素。我们必须认识儿童的基本需欲和养成的情感，然后对于他的常态行为以及许多行为问题的所以然，能够有适当的了解。

第二节　儿童需欲种类的演化

（壹）初生儿的需欲

初生儿的需欲，比较地最为简单；一句话说完，此时只有生理的需要。任何母亲，都知道饮食、排泄和睡眠（休息）在初生儿生活中地位的重要。还有空气的需求，因为无须人力，自然得到满足，所以不容易引起注意。这些需要，都是因为身体的新陈代谢而起，是有周期性的。就是说，每过了若干时间，需要就渐渐急迫，得到一次满足之后，再过若干时间，需要就再发生。此外还有保持身体一般舒适的条件（如适宜的温度等），以及对于引起痛苦、不快的刺激的畏避等，是常在的需要。

这些生理需要所以发现最早，生物学上的涵义是容易明白的。因为它们都是保持生命最低限度的条件。

（贰）婴儿期的需欲

在婴儿期中，许多其他的需欲也及时发生了。极显著的一类是知觉动作试验的冲动（参看第六章）。此时的儿童，对于环境中种种物事，都喜欢注视、察看、探试，由此获得丰富的知觉经验。又喜欢运动肢体，试验各样的动作，播弄物件。许多看护儿童的人，嫌婴儿“多手多脚”，使大人麻烦不便，认为是一种不好的行为。殊不知好观察和好动作，是儿童此时身心发展必要的条件，是极可宝贵的。

再一种新发展，是社会的兴趣（参看第十一章）。婴儿对于别人有深厚的兴趣，喜欢有人陪着玩，很深挚地恋赖着母亲。七八月的婴儿，会有“得意”的表情，可知自尊心和喜欢别人的赞许，也已萌芽了。

在第一半年中，愤怒和惧怕相继发现。

（叁）幼儿期的需欲

上述两种猛烈的情绪，在此时期有充分的发展。愤怒的动力，可从幼儿发脾气的状态和攻击争斗的行为看见。幼儿常常对于几种物事，养成惧怕的态度，如怕狗、怕黑暗等。

关于事物的兴趣，由知觉的试验，进而为理智的好奇，所以儿童时常发问（参看第九章）。又因活动能力增加，好动更加明显，对于物件，由原始的播弄进而为有成绩的建造。能够预拟一个成就的目标，努力去实现它。

但此期主要的发展，当推自尊心之蓬勃发达和社会需求之日益复杂。幼儿的兴趣，主要以自我为中心。不但努力追求自己的快乐，且喜欢受人注意和称赞。甚至公然自夸自炫，丝毫不以为难为情。幼儿常和大人拗强，及对同辈妒忌，是维持自我意志和利益的表示。“所有权”是人生重要动机之一，也在此时发达。

在社会关系方面，幼儿需要年龄相近的同伴，乐于接受社会环境的同化，喜欢模仿他人，要“和爸爸一样”，“和姊姊一样”。情感之发展，也不是一味自私自大。利他的情感，也很早开始发生。幼儿对于亲近的人，可以有深挚的爱情。对于其他的人，也会表现同情心。在幼儿学校中，一个儿童跌哭了，别的儿童自动地表示关切，拉他起来，用语言或动作抚慰他，是常有的事。互助互让的行为，亦数见不鲜。

（肆）后儿童期的需欲

儿童年纪愈大，生理的需要似乎愈不显著。但事实上并不是生理的需要果然失了它们的重要性，而是因为：（一）较长的儿童，已能按着社会的风俗和自己的习惯，照例去解决这些需要，不像幼时那样成为问题；

（二）许多后来发展的需要，争取观察者的注意，使我们忽略了那些基本的生理问题。

此外其他需欲，都有较高级有系统的进化，不能一一缕述。例如自尊之心，在后儿童期未尝较前期减弱，只是表现的方式，不像前期那么坦率。此时外貌可以很谦虚羞涩，但提高自我地位的努力，可以更加深刻而持久。

据一部分研究变态心理学的人的意见，性欲是有生以来就已萌芽，在整个儿童期中，不断地有所表现，例如关于男女关系及生殖现象的好奇，及玩弄生殖器的习惯等。但大部分心理学家，以为性欲在发情期以前，纵已发生，也未臻重要的地位。幼儿刺激生殖部分的行为，无非是为着局部的快感，和挖鼻孔、吮吸指头，意义差不多。关于性问题的好问，也不过和对于宇宙间其他现象的发问一般，均是爱智好奇的表现。真正性欲，是性腺发育成熟的结果，发情期以后，才跻于重要的位置。

在后儿童期中，情绪的态度，有更高级的发展。对象，不限于具体的人和物，且可包含抽象的概念理想。学校儿童，能够爱校，爱国，敬重卫国英雄，仇恨日本人，鄙视卖国汉奸。对于公平、正直、勇敢、谦虚等道德的概念，也能够领略而发生钦仰的态度。

总述上述的历程，儿童需欲的演进，可以说是由保持个体生存（生理、安全），经过发展个体的能力地位（试验、好奇、自尊），而进于适应社会和增进人群的利益（生殖、道德）。再简单一句话，是由“生物的”逐渐“社会化”。

第三节　儿童需欲的特色及其控制

（壹）原始需欲的特色

种类的演变，不过是需欲发展的一端。还有需欲表现的方式和需欲的控制，尤为人格发展之重要方面。

儿童一种需欲发动时，总是强烈迫切，不可遏抑。试看一个婴儿饿了要吃，或一个两三岁幼儿发脾气时的样子，可见梗概。儿童的行为，又是专受当时当地的情境所引起的需欲所支配，记不住过去的经验训诫，也想不到将来的利害结果。所以遇到喜欢吃的东西，假如不受干涉，他可以一直吃到生病；一样东西玩厌了，随意一丢，绝不顾虑明天也许还用得着。儿童有所需欲时，总是用最直接的方法来求满足，不懂得社会的道德、礼俗，不知道别人的权利、情感。例如婴儿要大小便就大小便，那管什么卫生、美感或是贵客当前。什么东西看着有趣，伸手就抓；什么人引起他的恶感，动手就打。他吹自己的法螺，攻击别人的短处，同样地率直无饰。总而言之，起初的行为，纯是冲动的，没有道德的标准，没有意志的控制。

因为儿童需欲表现的特点，有如上述，又因为最初的需欲，大都以儿童自己的乐利为中心，于是有一些人，便认为儿童是“性恶”的。这个论断，纯然是以成人的标准来衡量儿童，实在根本不适当。儿童的行为，从道德的眼光看去，虽然有的似乎“善”，有的似乎“恶”；但是从儿童本身而言，只是受天性的支配而已，无心为善，也无心为恶。所谓“善”“恶”，对于这时候的行为，完全应用不上。儿童的行为起初是“非道德的”（nonmoral），就是说，是没有道德上的意义，和道德无关的。

（贰）需欲之控制

这样的行为，显然是不适合儿童自己的福利，又不适合社会对个人的要求的。所幸不久就渐渐有较高的发展。种种条件，逼迫儿童抑制他的需欲，或改变其求满足的方法。最简单的情境是两种需求互相冲突；例如玩得正高兴，大人喊他去吃点心，那时不得不暂时放弃玩耍或暂且延宕不去吃。给他几种玩具挑一样，八九个月以后的婴儿，会踌躇一下，然后选择。再一种进步，是能够回忆过去的经验，预期将来的结果，而改变其行为。如吃热汤烫了唇，下次再告诉他烫，就有禁抑的效用了。到过某地方好玩，下次听见说再去，就很踊跃了。这是由过去经验，预期将来同样的情境，而影响行为。但最重要的，是社会的势力，社会对于饮食、排泄、穿着、要东西等等行为，应当怎样做法，都有一定的习俗。儿童早晚非放弃那种原始直率的方法，照社会的规例去做不可。还有许多道德的规则，无论家庭学校，都在那里施行训练，要儿童遵守。儿童渐渐获得是非宜否的观念，学会克制不适当的冲动，使行为适合社会环境的需求。高级的行为，不是受一时一种生物冲动的专制，而是社会化、理智化，受整个有组织的人格的支配的。

道德心的发展和需欲的冲突，这两个重要问题，我们在下面两章中分别作较详细的讨论。

【温习和讨论题目】

1. 自想几个例子，证明需欲支配行为的情形。需欲和情绪有什么关系？

2. 儿童需欲的分化，总括起来，有什么一贯的原则？假使你现在得到一种神通，可以要什么有什么，那么你要怎么样？将这个问题，忠实仔细地答复一番，和本章述各期比较（如结果不愿意让别人看见也无妨）。

3. 历来哲学家、宗教家，有的主张性善，有的主张性恶，你的见解怎么样？幼儿的冲动行为，特点如何？高级的行为，有什么不同？

【补充读物】

1. 谢循初译，吴伟士著：《心理学》，中华，第六章。

2. 郭一岑译述：《生理的欲求》，《儿童教育》，六卷八、九期，一四六至一五六页。

3. 潘菽译述：《环境的势力》，《儿童教育》，六卷八、九期，一一〇至一二五页。

第十四章　道德的发展

道德既不是生来就有，也不是专靠生理的生长所能产生，必须感受社会环境的影响，经过长久的训练经验，然后渐渐发展。儿童所做的事，大人有的说它对，有的说它错；有的加以夸奖，有的加以责备。别人的行为，常常同样地受到批评，引起赞叹、钦佩、厌恶、轻视的表示。这样，儿童才慢慢地发现什么是好的、应当做的，什么是不好的、不应当做的等观念态度。所接触的人的榜样，故事史传的人物事迹，又极有暗示和引起模仿的功效。而最宝贵的，是儿童和同辈的兄弟姊妹朋友同学实地过着群的生活的经验。此中同居、合作、友好、斗争，种种具体的经验，最足以使儿童体验出人群共同生活必需的规例原则。

道德的发展有两方面：一是道德观念的形成，一是实际行为的道德化。道德观念，是个理智的问题。我们要问：依儿童的见解，什么是善，什么是恶？为什么某事应该做，某事不应该做？儿童长大，关于这些问题的见解，有什么变迁？行为之道德化，是实行的问题。一个人有了适当的道德知识，还不能保证他一定身体力行。必须有相当的动机、情感、习惯，然后能见诸行事。所以我们还要问：儿童的原始行为，如何渐受社会的礼俗道德所控制？

第一节　儿童的道德观念

据观察和试验的结果，儿童的道德见解，有一些特色，颇堪注意。不过我们要记得，儿童的道德见解，既是靠社会的影响而形成，它的特色，很大部分是所受教育的性质的反映。现在我们择要略加论述。

(壹) 空泛的归类　儿童最初的道德思想，是将行为分成两大类：一类是成人鼓励允许的，这样做便是“好”“乖”“聪明”的孩子；一类是成人禁止的，这样做便是“坏”“顽劣”“愚笨”的孩子。至于好是怎样好法、坏是怎样坏法，这件事为什么应当做，那件事为什么不可做，是不大过问的。

我们曾说，发展的公例，是从简单、笼统、空泛的状态，逐渐分化为复杂、互异而明确的形式。儿童初步的道德观念，只有这样囫囵吞的两分，恐怕是进化历程上难免的阶级。但是，凡行为应当不应当，总有个特别的理由。譬如不要探身到窗外去，是怕跌下去；不要太吵，是怕搅扰别人；不要拿人家东西，是因为损害物主的权益等等。儿童越明白这些具体的所当然，则其行为越有意义价值。单单加以“好”“坏”的名称，不是真正的判断。无如许多父母教师，训导儿童时，一味专用这种简单的空名，而不对儿童说明每件事可做不可做的确切原因。结果未免增固那种幼稚的思想，阻滞道德了解的分化进展。其实儿童的了解能力，常常出于我们意料之外。如果提早常常对他说明，他起初虽然似乎不甚了解，不久必定豁然明朗的。

（贰）以成人的命令赏罚为是非的标准 幼童在最初区分好坏，总是以大人的命令为标准。凡大人容许或奖励的，便是好的；凡大人不许或责罚的，便是坏的。据近年一些实验研究，许多已经七八岁或更大的儿童，还以为道德的规律是成人（或神）制定颁示，和成人的意旨命令，没有区别。所以最主要的品德，便是服从。例如瑞士皮亚杰（J. Piaget）问许多儿童为什么不可以撒谎。十岁以下的儿童，大多数说因为撒了谎是要受罚的。十岁以上的才说“因为以后没有人肯信你的话”，“因为对不住被欺者”等等社会的理由。皮亚杰又编了一些故事，讲给儿童听。故事中各包含一个不能两全的道德问题，叫儿童判断。结果，七八岁以下的，大都认为最要紧是绝对服从长上的命令意志；十一二岁的，则注重在对同伴的公平、友爱、义气，盲目的服从，反不受重视。

凡一件事的是非，不是靠任何人随意武断，必有个客观的理由。行为的好坏，在乎它自身的性质和具体的结果，不是靠外来的威权而决定。儿童应该尽早知道，这些理由是施教者判断命令唯一的根据。理性的了解，是道德的必要条件；盲从不是真正的道德。不是为了行为内在的价值，而仅仅屈服于赏罚之威胁利诱，更加不是真正的道德。

无如许多领导儿童的人，不注意使儿童领会各种规则禁例的所当然，只一一以服从为第一目标，以惩罚奖赏为训育唯一方法。甚至以教育儿童为专门任务的儿童文学、儿童图画，内中亦充满这种精神。结果儿童对于管理者所鼓励禁止的行为的本身理由，以及对于空泛抽象的道德名词，没有深切的了悟：只觉得具体的威权赏罚是不可忽略的事实，所以将道德和司权者的意志，混而为一，而以赏罚为辨别的指南针和遵从的理由。

（叁）根据偶然的结果 再一种常见的现象是儿童判断是非，不根据存心，而根据行为所产生的偶然结果。我们举一两个实验为例。皮亚杰所用的故事中，有一则大意如下：一个小孩子无意之中碰翻一桌子，打碎了十五个杯子。另一个小孩子擅自拿东西吃，打碎了一个杯子。问儿童那一个孩子坏。许多年纪小点的儿童，回答是第一个坏，该罚得重，因为他东西打破得多。

本书作者和浙江大学王元璋君也做过一个相似的研究，所编的故事有这样一个：

> 一个母亲要出门的时候，拿些香蕉给她的子女吃，并吩咐他们香蕉皮不要随地乱丢，以免人家滑倒。哥哥吃完后，遵命将香蕉皮去丢在痰盂里，但是无意之中有一小块落在地上。妹妹没有看见踏着了，果然滑了一跤，跌得很痛，大哭。弟弟看见，以为很好玩，便故意拿一块香蕉皮丢在街上，自己躲在墙角，准备要看过路的人跌跤。但过路人都看见香蕉皮，没有人上当。后来母亲回来知道了，你说母亲应该罚哥哥还是罚弟弟。（如果儿童回答说都要罚，就问那个应该罚得重。）

结果有许多小学儿童说弟弟不应该罚或该罚得轻，哥哥应该罚得重，因为过路的人并未吃亏，而妹妹哭了。

这类不合情理的判断，大概又是不适当的教育的效果。许多父母评判儿童行为时，常常不能完全体会儿童的动机存心。同一行为，假如没有什么不幸的结果，就不怎样；假如事实上引起损害，就要斥责；损害越大，则大人越容易发怒而行严厉的处分。不消说，这完全不是道德的教育的立场。我们在儿童书报上，也常看见这种不道德的暗示。例如某画报上有这样一则故事画：父母买了糊墙的花纸回家，说要叫匠人来糊。兄妹以为雇人糊太费钱，自己动手。但因为不懂得糊法，把花纸弄毁了。父母回来看见大怒，要他们赔。搜索他们的储蓄箱，钱刚刚够，尽数取去。在这种教育空气之下，无怪儿童不能有适当的道德观念了。

第二节　儿童行为的道德化

道德行为的发生，经过几个阶级。

（壹）比受当时原始冲动直接支配的行为较高一级的，是因为经验结果的利害而改变的行为。例如婴儿看见火光，觉得好玩，伸手去摸，烫痛了急忙缩回。经过了一次或多次之后，知道火是会烫人的，就不敢去摸了。又例如婴儿哭了，大人就去抱他；他发现了两者的因果关系以后，凡想要人抱，就会再哭。再譬如幼儿做了某件事挨打，以后记得怕打，不敢再做。这些例了，都是由经验发现了行为的结果，因为结果情形的诱力拒力，而改变行为。这种控制，只是趋利避害而已，动物也会有，没有“是”“非”的观念为之指导，不算是道德的行为。

（贰）再进一步，是以别人的赞许责怪为动机的行为。婴儿在第一年的下半，便会因为受称赞或受斥责而呈现得意或沮丧的情绪。在幼稚期中，对于别人的意见，更加关切而感觉灵敏。所以不仅物理的限制和身体的苦乐，可以影响他的行为，成人的褒贬甚至于点首一笑、怒眼一视，已大有鼓励阻止的效力。同伴的钦佩和耻笑，同样地成为一种左右行为的力量。

有人看见儿童喜欢自夸自炫，便以为这是自大骄傲的恶性。这又是只知其一，不知其二的偏见。正因为儿童有这种原始的自尊心，然后能够及时发生自爱自重的态度，奠定高尚人格的基础。

（叁）最高级的行为，是以道德的理想为标准，相对地不受他人意见的直接影响的行为。我们从所受的训练熏陶，以及实地参加群的生活的经验，对于别人的同情好意，可以有高度的发达：可以对于美德，养成爱好景仰；对于恶行，养成厌恶鄙视的态度。我们可以自爱自重，以正人君子自许，觉得高尚的行为，才是“我”的行为；不道德的行为，是堂堂的“我”所不屑自污的。假使不能实行，也要觉得内疚，要受良心的谴责。这样的态度，是一种不能自已的好恶的情感，可以称为道德的情感（moral sentiments）。道德的情感，可以直接决定我们的行止，无须假借外来的毁誉的力量。所以成德的君子，不因为“暮夜无知”就变节，甚至可以“举世誉之而不加劝，举世非之而不加沮”。这是品格教育最后的目标。

当然的，我们不是说，一般儿童都能够有这样的造就。事实上全人类中，恐怕只有极少数人能完全达到这种境界。但一般受家庭、学校教育的儿童，早晚便开始获得一些行为的原则。如幼儿的服从父母的话，不要打人，不要拿别人的东西；小学生的爱级、爱国、守秩序、游戏不欺诈等等。起初这些原则的效力是间接而微弱的；还是因为社会的惩奖褒贬，不得不遵行。后来渐渐成为较强固的情绪的态度，便有助长某种行为，抑制某种行为的效力；或是在事后分别引起满意或羞耻的情绪。在适当的教育环境之下，这种道德的情感，便日益发达，成为道德人格的基础。

成人和较大的儿童，爱惜名誉的心和道德的情感，已有相当的发达，而原始的需欲，仍旧保持强固的势力。于是不免发生“心理的或内心的冲突”（mental or intra-psychic conflict）。这种现象，和心理的健康有很大的关系，下章另详。

【温习和讨论题目】

1. 儿童的道德观念有什么特色？原因何在？要使儿童有适当的道德见解，应注意什么原则？

2. 儿童的冲动行为，怎样受到控制改变？怎样是道德发展最高的造就？讨论自尊心和道德人格的关系。

3. 从道德发展的原理，讨论幼儿学校的价值。

【补充读物】

1. 刘延陵译，麦铎格著：《社会心理学绪论》，商务，一九二三，上册七、八、九章。

2. 欧元怀译述：《儿童的道德》，《儿童教育》，六卷八、九期，六九至一〇一页。

3. 黄翼：《神仙故事与儿童心理》，商务，民廿五，二九至三五页。

4. 黄翼：《时下流行的儿童画报的几种毛病》，教师之友，民二十六。

第十五章　儿童的心理健康

第一节　精神病和病态性格

要明白心理健康的意义，不妨从不健康说起。最严重的心理不健康，通常称为“精神病”或“神经病”[注一]。精神病种类很多。有的显然是由于身体上疾病伤毒而起，如梅毒、脑膜炎、酒毒、高热度等等，都有引起暂时或永久的心理变态的可能。这一类可以说是属于医学的范围，和教育者比较地关系不切。有的病人身体上并没有什么查得出的伤病，只是行为思想发生病态。这一类称为“机能的”精神病（functional disorders），和心理学教育学最有关系。机能的精神病又分两大类：

（一）重性精神病（psychoses，或译“本质精神病”，不甚适当）：这类病人，整个人格起了深刻的变态，寻常人看看也容易知道他是疯狂的人。

（二）轻性精神病（neuroses or psychoneuroses，或译“精神神经病”，更无意义）：这种病人，一般行事和常人没有大区别，多数仍旧可以在社会上做事或求学。只是行为思想，有一些特殊的症候，确是病态的。

此外还有许多人，虽然不能说是有精神病，然而并非常态。譬如有人酗酒迷赌，有人好争健讼，有人刚烈暴躁，有人善病多愁，有人胆小如鼷，有人孤介寡合，有人多心猜忌，有人疑虑杞忧：这些状态，可以说是“性格”上的缺憾。所谓“性格”，是指一个人的性情、脾气、愿望、好恶、兴趣、习惯以及待人接物的态度等等，总之，是一个人需欲、情绪和社会的态度方面的特点。性格上的病态，也是一个人自己的幸福和对于社会的贡献很大的障碍，也是心理的不健康。据变态心理学家的见解，真正精神病，大都是建立于病态性格的基础之上。

第二节　儿童的日常行为问题

在儿童中，真正堪称精神病的状态，事实上极少。在幼稚期，更属绝

（注一）两个名词，都不很适当，容易引起误解。“精神病”似乎表示毛病是在“精神”上；而“神经病”又似乎指明毛病是在神经系里。其实这两种说法，都不真确。本书中沿用这两个名词，只当它们做一切较严重的行为变态的总称。至于这些病的性质如何，原因在那里，要研究变态心理学才能明白。读者不可望文生义，从字面上去推想。

无仅有。假如儿童果然患了精神病，便应当受现代的专门精神病学家诊治，不是一般人凭着一知半解，所能应付的。

不过儿童期虽不是精神病十足发作的时期，却是不健康行为态度孕育酝酿的时期：因为行为性格，都是发展的。近代变态心理学指示我们，成人的心理变态，不是长成以后忽然从天而降的，乃是从小萌芽滋长，渐渐积累而成的。要防止变态的行为，养成健全完美的性格，非从婴幼时开始不可。

儿童时期，常有一些行为的问题，可以说是不十分适当的：如餐时拒食、动辄呕吐、选择食品、睡行、时常恶梦惊哭、遗尿、遗屎、故意久忍粪便、对于游戏缺乏兴趣、乱毁物件、无意识恶作剧、依赖大人、哭吵要挟、夸张小痛苦、不服从、反抗、怨恨、“人来疯”、畏缩、不乐群、妒忌、爱哭、善怒、多惧、幻想太过、口吃、玩弄生殖器、欺诳、偷窃、逃亡等等。这些问题，也许并不重要，也许颇堪注意。严格地说，没有一个儿童是尽善尽美的。上述这一类的问题，一般儿童，大概都多少曾经有过几样。假使成人应付没有大错误，大都会自己渐渐好起来的。这样说，似乎并不重要。然而这些问题，是儿童生活不得当、态度不正常的表征，是“不健康”的现象。在当时虽只是极轻微的问题，和所谓精神病似乎不可同日而语，但在原则上却颇有关系。假使应付不得宜，无意中反去促进其发展，那时渐积渐深，或者竟有酿成较严重的病态的可能。

举个较极端的例：譬如儿童性情畏缩，不喜和别的儿童交接，这种现象，当时看看似乎不是什么大问题。但是越不与人接触，越没有学习经验的机会；越以与人交接为畏途，结果是畏缩愈甚。有一种重性精神病，名叫“识觉分裂”（schizophrenia or dementia praecox，或译“早衰症”）——症候是不理会周围的事情，和别人几乎断绝了心理的交通——便是这样养成的。再譬如儿童用哭吵的方法来要挟大人，或是利用一点偶然的疾病痛苦来向大人乞怜，借以取得一些便宜的待遇：这只是常见的。但如果大人不去矫正他，反而去姑息鼓励他，结果可以养成“协识脱离”（hysteria）的性格。这种病人，生理上分明无病，却会产生种种耸动耳目的症状。原因，一面是病者自己暗示，一面是要得别人的注意和同情。不过这种心理作用是不自觉的，病者自己也莫明其所以然。

大凡是发展的东西，开始时总是极微极细，要摧毁它很容易，但也很容易受人忽略。到了酝酿成熟，养成势力，遂不可遏。古语所谓：“星星之火可以燎原”，“涓涓不塞将成江河”，就是这个道理。所以要预防严重的心理变态，应该“杜渐防微”，从小儿在家庭学校的日常行为问题着手。

第三节 行为问题的心理

不过对于儿童的行为问题要能够应付得宜，第一必须对于这些问题的性质和原因，有相当的了解。从上面几章的讨论，我们可以得到两项重要事实。

（一）儿童有他的需欲，要求满足。起初的需欲，大都是自我中心的。而且凭着一时冲动，取最直接的途径寻求满足，缺乏顾虑抑制的能力。同时智慧尚未发达，知识记忆，都很浅薄。

（二）社会有种种传统的习俗、礼教、法律、道德要儿童遵守。对于他的需求，加以多方的限制。起先是别人直接执行这种裁制，后来道德的观念和情感，渐渐养成，便发生自己良心的裁制。

因为这样，所以不免时常发生“冲突”（conflict）。冲突可分两类：（一）对外冲突。儿童的意欲，和别人的意欲或社会的标准发生抵触。（二）内心冲突（mental or intra-psychic conflict）。儿童的基本需欲和自己的道德情感不能相容。

这些冲突，尤其是第一类的对外冲突，是无可避免的。儿童必须在两难之中，寻个适当的行为。假如他的反应，一面能够满足自己的需欲，一面能够适合社会的标准，便是“适应的”（adjusted）常态的行为。假使不能成功地应付这两难的情境，结果或是行为仍旧不合社会的标准，或是自己的性格发生变态，便是“不适应的”（maladjusted）成问题的行为（problem behavior）了。现在分别举几个例。

（壹）对外冲突的行为问题

（甲）自然冲突的表现，不合社会的标准的：例如乱动成人物件，白墙上涂抹，玩得高兴声音太吵，不小心碰坏东西，不告诉拿人家的东西，先生训话时私自谈笑等。这一类无论管理儿童的人如何感觉不便，事实上是最自然而不重要的。

（乙）因受外界的抑制而生的反动。

（1）反抗性的：如发脾气、打骂人、争斗、仇恨、嫉妒等。

（2）躲遁性的：如说谎、欺诈、逃学、孤介退缩的性情、夸张或假装病痛等。这一类和以下所说的种类接近，是比较地不幸的。

（贰）内心冲突的行为问题

因为基本的需欲和自己的道德心自重心发生抵触而产生的不适应行为，性质最为严重，原理也最为迂曲复杂。这是变态心理学的范围，不容易简单说得明白。勉强地概括一句，这些反应，大都包含个自欺的成分。本人对于自己的心思行为，不能了解。结果是产生和精神病原则相似的行为性格。例如第二节所举的退缩的反应，要素是儿童自己觉得失败，怕在人前丢丑。这种情形，是和原始的自尊心抵触，令人难堪的。退缩的反应是躲避人生的问题，一概不管，好似寓言中的鸵鸟，遇了敌人紧追，就把头塞到沙里去。再如"协识脱离"式的反应，动机虽在乎借病痛来解决自己的难题，但本人并不知道他的病苦是有所为而然。假如他自己明白，就不免和自重心相抵触了。其他例子，参看下文个别行为问题的讨论。这一类的问题，常为一般父母教师所忽略，但因有酿成心理病态的可能，最受心理卫生家所重视。

儿童期的行为问题，大都起于对外冲突。内心冲突在青年期可以很严重，但在较小的儿童，比较地少见，便是有了，也是较肤浅直接，较可乐观的。

从上面的讨论，可以看出行为问题可分两类：

（一）是受儿童需欲情感所支配，不合家庭社会的教训规则，或一般社会的道德法律的。便是所谓"训育问题"（disciplinary problems）。

（二）是在不能调和的冲突之中，不能消灭需求情绪的势力，也不能突破礼俗道德的限制，结果人格的组织受了牺牲，产生病态的现象，便是"心理健康的问题"（mental health problems）了。

所以，从心理学的原则上看来，训育问题和心理健康问题关系是很密切的，都是需欲情绪和社会的生活不得其当的结果，都是行为的不适应。

第四节　德育训育心理卫生和儿童训导

一个人生活在社会中，不能不和别人同居合作，所以行为的社会化——适合社会的礼俗道德——是必要的。因此道德的训练，是不可少的。然而从上文的分析，我们知道假如训练不得其当，则有引起心理冲突和心理不健康的危险。寻常所谓“德育”，常常只知顾到一面，专要儿童接受社会的道德标准，尽力遵守，而不知顾到儿童自己的需欲情绪和心理健康的心理。尤其是学校中所谓“训育”，常常只是借惩罚的方法来维持纪律，执行规则；只是消极的裁制而已，连德育都说不上。结果品行未曾养成，先已造成不少不健全的性格。

所幸这种情形，并不是不可避免的。在适当的教育环境之下，儿童很可以获得正常的发展。道德心可以和需欲情绪，携手进展，成功一个适应环境、统一调协的健全性格。

所谓“心理卫生”（mental hygiene），是讲究如何增进心理健康，预防和矫正变态行为的学问。心理卫生的基本目标是积极的：要根据学理的指示，施行适当的训练，培养良好的习惯态度，完成健美的性格。那时种种不健康情形，自然无从发生。如果不适当行为已经发生，便应当马上施行矫正。这种工作开始越早，则越省力而有效。所以说，幼稚时是实行心理卫生的黄金时代。

“儿童训导”（child guidance）这个概念，包括道德教育和心理卫生两方面，是适合心理卫生原理的训练儿童方法。这个名称，似乎最足以代表近代科学化的儿童训练的整个目标。

下面一章，我们要选择一些幼稚期中最常遇到的训导问题，分别加以讨论，使本章中所述的原理，能够再具体化。

【温习和讨论题目】

1. 略述精神病的分类。儿童的日常行为问题，和精神病有什么关系？观察一个你所熟悉的儿童，有什么本章所举的行为问题？心理卫生问题和训育问题有什么关系？

2. 什么是“内心冲突”？“对外冲突”？行为的“适应”？比较“德育”“心理卫生”和“儿童训导”的性质和目标。学校的“训育”应该如何改进？为什么幼稚期是心理卫生的黄金时代？

【补充读物】

1. 吴绍熙、徐儒译，康克林著：《变态心理学原理》，商务，民廿五。

2. 章颐年：《心理卫生概论》，商务，民廿五。

3. 沈有乾、黄翼合编：《心理学》（近代自然科学丛书），新亚书店，民二二，变态心理与心理卫生章。

4. 黄翼：《学校训育之改造》，《中华教育界》，廿一卷七期，一一五至一二七页。

5. 黄翼、邱壁光：《幼儿性格评估法》，印刷中。

6. 章颐年：《适应困难的儿童》，《儿童教育》，六卷八、九期合刊，一八三至一八七页。

第十六章　儿童训导问题举隅

第一节　儿童训导原理

儿童训导，以养成最健全适应的性格为目标。要达到这个理想，要当以科学的心理学的行为观为指南。自儿童心理学看起来，性格行为，无论是好是坏，它的滋长消灭，都循着自然的因果原则，受种种原因条件所支配。训导儿童的人，必须了解儿童常态变态行为发展的原则条件，然后能够施行适宜的控制，使性格发展，循着正常的途径前进，日近于健全完善的理想。

训导的具体基础工作，在乎幼儿日常生活的训练。吃、睡、排泄、游戏，应有良好的习惯；对于他人的关系，应有适当的态度；情绪意欲的发动，应有常态的宣泄和抑制；不健全行为的发生，须从早认识、研究与矫正。

训导的方法，没有到处合用的万应仙方。训导者须从个别儿童的特殊情形和个别事件特殊意义着想，然后措置能够得宜。对于每个儿童，凡身体、智慧、性情、兴趣、习惯、态度等发展的状况，以及生活背景、家族情形、家庭教育的特点，都应该有相当的了解，然后能明了他的特别个性和需要，和影响他的发展的有效条件。对于一个事件，尤须彻底了解它的心理意义。同一事件，在不相同的儿童，不相同的时候，可有绝不相同的意义。例如儿童白日遗尿，这一个问题，有的是因为生理上有毛病；有的是因为家中向来没有适当的训练，让他随便就撒；有的是因为玩得兴趣太浓，舍不得离开，等到太急了忍不住；有的是因为智慧缺陷，不能像常态儿童及时学会了控制；有的是因为对于管理人有不适应的情绪态度，是一种反抗的表示；……这许多情形，显然不能用同一方法来对付。所以科学的儿童训导的根本原则是：了解个别儿童个别问题的心理的真相。

儿童训导是一种专门的学问。训导的问题甚多，不是寥寥一短章书可以说得完备。本章不过举几个例子，各各简略说几句，以示一斑。

第二节　服从

传统的教育，太注重服从，前文曾经提到。不知道所以然的盲目服从，是没有道德上的价值的。如果一味要儿童舍弃自己的主张意志，专门履行别人的主张意志，结果不但剥夺了儿童练习自己决断的机会，并且足以摧残他的品格，使成为屈服无骨气的人。服从的价值，在乎接受成人的指导，来学习适当的行为。所以儿童所应服从的，不是某个人而是某条原则。凡命令儿童一件事，必须尽量使他了解所当然的理由，使他明白其中的原则。

惯性的不服从，大都是因为管教不得法而起。最坏的一种情形，是政策不一贯：同一件事，有时可以，有时不可以。或是几个管教的人主张不一致：父亲禁止的，母亲纵容他；母亲施行教训，祖母从旁干涉维护。这样，儿童不但莫知适从，且可以巧妙地操纵利用，从中取利。

有些大人，遇到儿童不遵从，毫无有效办法，只白说两句又放过了。儿童发现听不听并无关系，自然当他的话是不一定算数的。这样最足以养成不服从的习惯。所以一种命令，不发则已，发则必须履行，才能引起儿童的信仰。不过先要十分审慎；这种命令，必须是公道、有理、绝对需要而又适合儿童的能力程度的。否则坚决执行，便成为残暴的虐政了。不公平的命令，过分苛求严厉的态度，反可以引起不服、怨恨的情感，造成反抗式的不服从。

对儿童说话，要表示积极的期望。言语态度，都要假定儿童必定乐从。儿童感受暗示，自然不生异议。若心怀疑虑，预料儿童不肯合作，流露于辞色之间，被儿童觉得，则易引起抵抗。别的儿童的榜样，很有同化的效力。凡儿童遵从命令，使应当嘉许鼓励。偶然遇到不合作时，要竭力避免争论、责骂、纷呶，以免留下不好的印象，增加下次不服从的趋向。

服从是有习惯性的：一次的服从，增固下次服从的机会；一次不服从，也使下次更加不易服从。所以事先应当考虑，要预防不服从事件的发生，积极培养愉快合作的习惯。

第三节　愤怒与哭吵

儿童愤怒的种种表现，已在第十二章中说及。现在先讨论那种兴奋猛烈的发脾气。这种反应，大概自两岁左右起常常发现。起初是遇了拂逆时的自然表现，不是故意的。但这种原始的反应，没有适应的价值，又不合社会的标准。应该训练儿童自行抑制，另用合理的、足以改善当时情境的反应来替代。无如许多成人，一味怕儿童生气哭吵。凡遇儿童发脾气时便十分关切，百计抚慰哄诱。甚至凡有所求，不论正当与否，无不曲意顺从。儿童一发现这种表演有此效力，便有意利用，动不动就吵，越吵越猛烈而持久。久后习惯成自然，连自己也不能控制了。

不但顺从儿童的要挟，可以助长愤怒的反应，便是训斥打骂，也不是适宜的方法。打骂不免带着生气兴奋的色彩；叫儿童不要生气兴奋，而自己先生气兴奋，岂非违背了“以身作则”的原则？打骂又很有争执、挑战的意味，容易刺激儿童，使更加愤怒。儿童所以哭吵，目的原在引人注意关切，责备也是一种注意关切，事实上儿童已经一部分达到了他的不正当的目的。

所以应付儿童发脾气，自己态度先要绝对松弛冷静，不要让儿童从这种表演获得任何利益。一切教训责备，在这种时候，效力很少，都可从缓。最好是毫不理会，大家离开他，让他一个人自己安静下来。在平常无事时，却要慢慢告诉他这种行为之无意义，并指导他在那种时候他应当怎样做，才是合理的、有实在效果的反应。凡遇儿童遵从指导，成功地控制他的情绪时，便应加以称赞，以为鼓励。

愠懑怨恨的态度，是压抑的愤怒的表现，在心理上比较剧烈的发脾气，更为严重而有害。暴怒一经发泄，就过去了。愠怒仇怨，是深刻而有持久性的，常常引起较严重的行为问题，或变成永久的病态性格。所以遇有此种情形，应该尽早研究其原因，和儿童作坦白的谈话，从根本上解除其郁结。

此外有许多情形，使儿童烦躁易发怒，不可不注意：（甲）饥饿、疲倦、疾病以及其他身体上之不舒适。（乙）惧怕、羞耻、嫉妒、忧虑等等情绪的紧张。（丙）成人管教太严、束缚太过、待遇不平等。反之，若身体健康，生活顺适，则自然精神愉快，脾气和平了。

第四节 惧怕

惧怕是儿童期幸福很大的障碍。许多儿童，不但怕狗、怕黑暗、怕先生，而且有许多幻想迷信的惧怕。据研究儿童记得的梦，百分之四十是可怕的。有许多心理不健康的成人，或是过分胆小，或是有一些无谓的畏惧，原因和儿童时的生活，又大有关系。

儿童的惧怕，大部分是不适宜的训练和环境所造成，是可以预防的。许多不明白的父母保姆，凡遇儿童啼哭或不肯安静睡眠时，就用“老虎要来咬去了”“强盗要来抱去了”等类的言语来镇吓。再有许多成人，自己有一些无意义的畏怖，在儿童面前任意谈论，大惊小怪；儿童感受暗示，也得了同样的惧怕。近年盛行的儿童故事、儿童图画，号称适合儿童的心理，足以增进儿童的幸福，但内容常常包含一些妖精、鬼怪、凶狠、残酷可怖的材料，儿童幻想的畏惧的来源，多由于此。京戏电影，亦常有引起恐怖的资料。此外，儿童的惧怕，常从友伴处模仿暗示而得。

儿童如已养成某种畏惧，不可责备讪笑，也不可尽叫他勉强忍抑，“不要去想它”。大凡不快意的经验，不去寻求根本的解决，只一味禁抑，不使表露，或故意不去想它，这种反应，称为“压抑作用”（repression），是一种很不适宜的办法。因为受压抑的情绪，可以仍旧潜在，事实上并没有失去其势力，常常迂曲表现，反而造成种种心理的毛病。成人的责备讥笑，不能使儿童免除恐惧，只是迫他不敢明言，勉强忍抑而已。儿童情绪过事压抑，近之可以引起恶梦、精神不安宁等等状态，远之可以养成某种不健康的性格。

反之，也不可因为儿童某种惧怕，便一味怜惜、保护，或当他面前随意谈论，说他怕某物。因为这样的暗示，可以使儿童觉得自己的畏惧是一件公认的而无可救药的事实，反不容易好。而且儿童一发觉因为有所畏怖可以获得某种优待，也许暗中反欢迎这种毛病之存在。譬如希望和母亲同床睡，就大闹其怕黑暗；希望每日上学有人陪送，怕狗的毛病，就不容易破除了。

合理的处置，是积极地帮助儿童解除他的畏怖。应当和儿童坦白讨论，探究其畏惧的原因。如果是因为儿童误会或不了解而起，便应仔细说明证示，使他明白真相。最基本的治法，是乐观的暗示鼓励，使儿童觉得委实无须害怕，自信不久一定可以渐好。别人坦然不怕的榜样，对于儿童又很有影响。最好是能培养一种积极的反应，来替代惧怕的反应。例如怕黑暗的，可以指导他鉴赏静夜之美；怕狗的可以养一只小狗，使结成好玩的友伴。一面渐渐习惯，就可以好了。

胆小的性格，大都也是暗示模仿的结果。儿童固然不可以不晓得什么东西危险，应当小心，方能保障相当的安全；然而小心太过，也是病态的。有些父母，保护太周至，戒惧太严密：跑路不可太快，怕跌跤；剪刀不可以用，怕刺了手；球不可以玩，怕碰了眼睛；秋千不可以荡，怕跌断了腿；冬天不可出门，怕伤风；热天也不可出门，怕中暑。在这样暗示之下，儿童觉得世界之大，无往而非危险，这是很错误的。为了养成常态勇敢的性格，偶然出一点血，跌几个跤，是值得的。

第五节　口吃

口吃不是发音器官的构造或生理有什么毛病；它的根本原因，现在学者尚未彻底明了。但大多数专家，都认为口吃是性格情绪不适当的一种表现，是个心理卫生的问题。口吃的人，多数性格是退缩的；对着生人，或许多人，或所敬畏的人的时候，容易发生自觉、难为情的态度。他们因为口吃，常常自己难受、忧虑。逢到该说话时，生怕又要口吃，因而情绪紧张、思想堵塞，不能控制口喉的筋肉，更加吃得厉害。他们可以唱歌，并不口吃。对着小孩子或熟的人，安详暇豫的时候，也可以顺顺利利地说下去，毫无困难。

这样的毛病，显然不是吃什么药或施行外科手术所能治疗。根本的原则，在于免除情绪的紧张和畏怯自馁的态度。听口吃的儿童说话时，应该十分温和宁静、有耐性，让他觉得有充分的时间慢慢地好好地说；不应该催促、责备、讥笑或加以矫正，以致增加他的自觉和着急。平日对于他的毛病，应该保持一种乐观的、慰励的态度，使他满贮着可以渐好的希望。此外一切可以帮助他得到自信和勇气的积极训练，都是有益的基本工作。

幼儿初学说话，因为尚不能自由发表自己的意思，大多数曾经有过口吃的时候；有时因为情绪兴奋与兴味太强烈，性急不及慢慢地说，也容易发生口吃。这时假使应付不适当，如妄加叱骂讥笑之类，使儿童发生自觉，便有造成固久的口吃的危险。如果丝毫不加理会，或慰导得宜，大都自己会渐渐好起来的。

第六节　用左手的儿童

婴儿在四五个月以前，大都左右手随便用，没有什么偏向。第二个半年中，偏用一手的趋向，渐渐发生；两手技艺的差别，随着年龄而增进。四五岁时，便很显著而固定了。学校儿童，用左手的约百分之三。

偏左偏右，不是绝对的，而是可以有程度上的差异的。有些人偏向很强。有些人做某事惯用某手，或两手都可以用，只是做精密困难的工作，才必须用偏向的手。又有极小部分的人，竟没有什么偏向。

用手的偏向是遗传的还是学习的呢？这不仅是学理的问题而已，而且大有教育上的意义。因为在这个大多数人都偏用右手的世界中，用左手的人到底吃亏些。假设偏向完全是学习的结果，我们便应当尽力训练一切儿童用右手。但是不幸善用哪一只手，似乎很有根本的生理的原因。在同样社会影响之下，仍然有人偏左，有人偏右。用左手倾向很强的儿童，矫正起来又是很困难的。有些研究者发现，改用右手时，儿童常常酿成口吃的毛病。这种关系，是否确实，现在还没有定论。不过勉强儿童更改时，容易使儿童情绪紧张，态度犹豫，协作迟疑，那是很可能的。因此现在的专家，大都主张不必更改。假如试为更改时，也万不可操持过急，或用惩罚、羞辱等消极的方法，以免引起不健康的心理态度，反而得不偿失。如果儿童用左手的倾向很强固，便根本以放任自然为是。

第七节　智慧和行为问题

许多行为性格上的问题，是因为智慧的情形而起。幼儿常常因为不了解、不注意，或记不住长上的言语，不能遵从命令；成人以为是不服从。低能或太年幼的儿童，可以因为不了解某事之利害善恶，或不明了社会的礼俗标准，遂致犯了过失。譬如幼儿常常模仿人家骂人，但事实上并不明白所用字眼的真义。幼儿学校儿童，也许将校中的玩具带回家去，却丝毫不知道什么是偷窃。

假如一个学童智慧太低，上课时先生讲说的材料，其实听不懂；结果必定不能维持他的兴趣。于是不用心、不注意、私自谈笑玩耍等训育问题就容易发生了。

学童工作失败，可以引出无数品行上性情上的毛病。成绩低劣，必然受教师的责备逼迫；在同学面前，又难免觉得无脸难堪；报告到家中，也许家长又要表示失望，或加以训斥。处这样地位的儿童，必不免发生羞辱、忧虑、惧怕的情绪，丧失自信之心，养成所谓“自卑之感”。有了这样的情绪的态度，第一件，所做的工作，必然更加容易失败。积累既久，可以养成畏怯、退缩或自暴自弃的性格；对于成功荣誉的同辈，也许因艳羡而生嫉妒；因为内有不足，怕人讥评，也许变成多心、多疑、猜忌；对于功课、教师或整个学校，更易发生畏惧、厌恶、仇恨的心理。有些儿童因此发生反动，故做出顽皮、冒险、犯规则、反抗师长的行为，来宣泄悲观郁结的情绪，或借以博得侪辈的注意、惊诧，掩饰其自卑之感。学校中那些屡诫不悛的“顽劣儿童”，很多是这样养成的。处理这种儿童，当然不是告诫惩罚，增加他失败、羞辱、自卑的心理，所能奏效。必须由根本着想：一面改善他作业的情形，使他得以在自己能力所及的范围之内，有相当的成功的机会；一面避免消极的责备批评，尽量注意他的成功，给予积极的鼓励。这样才能够使他恢复自信自重的心，转变他一生的命运。

反过来说，智慧高而班次太低，也有引起行为上问题的危险。工作太容易，不足以引起兴趣，精力无所发泄，只好寻事胡闹，结果不但发生“问题行为”，而且因为不用心之故，功课也反可以终于不及格。这种事例，数见不鲜。如果给他充分困难的工作，激动他的兴趣与雄心，反可以有惊人的进益。

第八节　身体的缺陷

可称为身体缺陷的状态，种类很多。现在分三类，各举几个例，以示范围。

（甲）感官的缺陷：最主要的是视觉和听觉。全聋和全瞎的儿童，需要特种的教养。在一般学校中，以近视、远视、重听最为普遍。

（乙）肢体的缺陷：较严重的如跛足、驼背等。还有一些实际能力并不受妨碍，只是观瞻上有一点差别，如骈指、麻面、容貌丑陋等。

（丙）疾病：神经系的疾病，如脑炎和脑膜炎，病过之后，常常留下不良的影响，表现为性情上心理上的态度。一般身体的疾病，如肺病、心脏病、营养不宜、内分泌失常以至于蛀牙、扁桃腺炎等，都可成为适应上的障碍。

这些缺陷，直接间接可以产生种种行为上教育上的问题。感官不灵，在学校中听讲、阅读、看黑板上的字，处处吃亏。这种情形，父母教师和儿童自己常常多年没有觉察，大家一味怪他愚笨不用心。肢体残疾和患病孱弱，较易得到相当的注意。神经系病和营养内分泌失常等类情形，在现代医学不普遍的我国，能够确切诊断的机会已经很少；至于这些病状和行为问题的关系，能领略的更少了。

儿童因为身体缺陷，工作和游戏的能力受了障碍，已经足以发生适应的问题。更兼社会历来野蛮的恶习，对于丑陋残疾的人，总是怀着轻视取笑的态度。一般学校儿童，待遇这种不幸的同学，常常极残酷不情。当面讥笑、侮辱、起绰号，是常有的事。处这种境地的儿童，必不免感觉羞辱，发生自卑之感。有的觉得所受待遇太不公平，又很容易产生反社会的态度。于是种种行为性格的问题，就可以相继发生了。

再一种间接的影响，和上述的几乎刚刚相反。许多父母因为伤心同情，或者就过分宠惜姑息起来，结果使儿童骄纵恣肆，不知顾念他人；或是故意借着自己的不幸来乞怜取利。也是毁了儿童的性格。

处理身体缺陷的儿童，第一应从医学方面着想。凡是医师所能做的事，当然先要做到。蛀牙要补，近视远视要配眼镜，疾病要治疗，才是根本的办法。缺陷无可治疗的儿童，功课上应给予特别的帮助，以资补救。他们应该得到适当的保护，不使受无情的侮辱。最后的目标，在乎使儿童对于自己的情形，保持一种合理的健康的态度。

结语：以上寥寥数则，殊不足以代表儿童训导原理的全豹。据著者的意见，凡教育儿童的人，无论是父母是教师，除了儿童心理学之外，还要较详尽地研究研究“儿童训导”。

【温习和讨论题目】

1. 为什么训导儿童，要了解儿童行为发展的原理？为什么同一行为问题，不能尽用同一方法处置？

2. 关于不服从、发脾气、惧怕、易怒的性格，胆小的性格，口吃，自卑之感，这几种情形，各各讨论下列三个问题：（一）造成的原因；（二）已经发生时处置的方法；（三）事先预防的方法。

3. 人类用手偏向的实况如何？关于偏向左手的儿童，主张应该矫正的有什么理由？主张不要矫正的有什么理由？

4. 智慧太低和太高有产生什么行为问题的可能？身体的缺憾和行为性格有什么关系？自卑之感可以产生怎样的行为问题？

【补充读物】

1. 黄翼：《幼儿心理健康个案研究法》，《教育杂志》，民廿四，廿五卷十二号。

2. 李卓姒：《儿童的诊断和处理问题》，《教育杂志》，民廿八，廿九卷十号。

3. 张官廉译：《父母学》，中华慈幼学会，民廿三。

4. 宋显理译：《儿童管理》，商务。

中文儿童心理学书籍举要

陈大齐译，R. Gaupp 原著	儿童心理学	商务
萧孝嵘	儿童心理学	同上
	儿童心理学及其应用	同上
	实验儿童心理	中华
高觉敷译，K. Koffka 原著	儿童心理学新论	商务
陈鹤琴	儿童心理之研究	同上
萧恩承	儿童心理学（修乙本）	同上
朱镇荪译，A. H. Arlitt 原著	初期儿童心理学	同上
宋桂煌译，V. Hazlitt 原著	幼儿心理学	同上
赵滨译，H. H. Hollingworth 原著	发展心理学概论	商务
袁哲译，R. Strang 原著	儿童研究	大东